借金160億円!

どん底社長が書いた

# 勇気の出る人生逆転法

カンザン

Are you troubled by company management?

創幻舎

あなたの会社、うまくいってますか？
トラブルを抱えて、苦境に立たされてないですか？
何も問題なくても、ふと、将来について
不安になったことないですか？

もし、あなたが今は自信のもてない状況だとしても
基本的には「自分のことが大好き」で、「絶対、立ち直れる」
という自分を信じる気持ちがあれば、大丈夫。
この2つの要素は、たとえどん底の真っ暗闇の中でも
一筋の光となってくれるでしょう。

反対にこれまでの人生、一度も失敗したことがない人、
上昇志向の強すぎる人は、要注意です。
すでに「裸の王様」になって、失脚人生まっしぐら！
かもしれません。

今、人生の落とし穴にはまっている人も、絶好調の人も、

破綻した会社の立て直し方、苦境の乗り越え方を知っておくのは、
いざというときのための、人生の指針となります。
それは１６０億円の借金を背負ったわたしが、
痛切に後悔していること。
知っておけば良かった、気づけばよかった。
本書は、あらゆる起業家のためのレスキュー本です！

序章

# 「負けなし人生と、過剰な上昇志向がもたらす弊害」

はじめまして、著者のカンザンです。

本書を手にとってくださって、ありがとうございます。

レスキュー本なんて、本当⁉ と思った方もいると思います。

そして、はじめに書いた**「失敗したことがない」「上昇志向が強すぎる」**のがなぜ、いけないのか……？

この理由を語る前に、まず、わたし自身のことを紹介させていただきます。

平成16年、今から11年前。その当時わたしは、不動産会社と建設会社、土建の会社の社長をしながら、他の会社の役員もやっていました。

女房と長女、次女が経理をやっていて、お金関係は全部、身内で切り盛りしていました。

**本書のペンネーム「カンザン」は、わたしの学生時代のあだ名でもあり、親の代からの土建業の社名から付けたものです。**

平成15～19年は、わたしと会社にとってバブル時代から負けなしの絶好調時代。会社の売上が166億円ほどありました。利益は最もいい年で、5億9000万円、内部留保が20億ちょっとくらいありました。

それまでずっと優良会社でしたから、**株式公開するのは社長であるわたしの念願であり、夢**でもありました。

**資本金は1億にして準備を進めていました。社員数は40名から、外部より引き抜いたりして一気に160人ほどに増員。**

平成18年にはあざみ野（横浜市青葉区。東急と横浜市営地下鉄が通っている）の駅前に、1Fが大きなショールーム、2Fを本社として170坪のビルを借りて、月の家賃を400万円、年間4000万円以上支払っていました。

あざみ野の本店以外にも、宿河原、新百合ヶ丘、元住吉、相模大野に支店があり、当時はテレビCMや、市営バスの外側に全面広告を貼り、ラッピング・カーとして街中を十数台、走らせていました。

わたし自身は当時、

**「株式公開して、もっと上のステージにいきたい」**

**「もっと儲けて、自分自身、もっとすごい人物になりたい」**

と、ギラギラした野心でいっぱいでした。

しかし、

「社長は何もしなくていいですよ。ただハンコを押すだけでいいですから」

なんて言葉を鵜呑みにして、すべて社員に任せてしまったのが大きな間違い。会社を大きくするため（見せるため）、銀行から言われるままお金をじゃんじゃん借りていました。

そして、みなさんもご承知のように、平成20年のリーマンショックが起こり、その影響もあって、**株式上場に失敗**。気が付けば、**160億円もの借金**を抱えることになってしまったのです。

（参考までに次のページに、わたしのこれまでの人生を図表にしたので見てください）

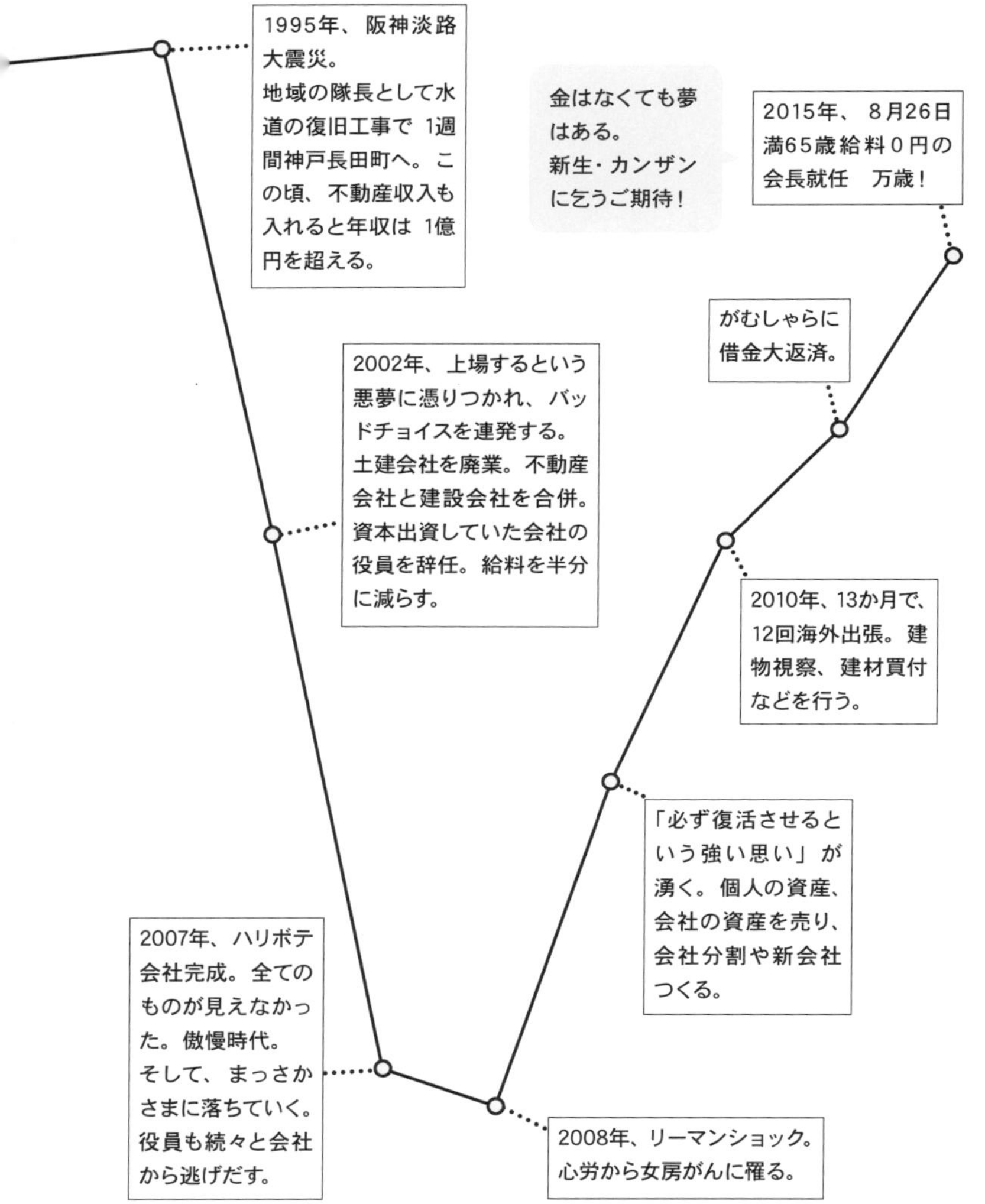
1995年、阪神淡路大震災。

地域の隊長として水道の復旧工事で1週間神戸長田町へ。この頃、不動産収入も入れると年収は1億円を超える。

2002年、上場するという悪夢に憑りつかれ、バッドチョイスを連発する。

土建会社を廃業。不動産会社と建設会社を合併。資本出資していた会社の役員を辞任。給料を半分に減らす。

2007年、ハリボテ会社完成。全てのものが見えなかった。傲慢時代。

そして、まっさかさまに落ちていく。

役員も続々と会社から逃げだす。

2008年、リーマンショック。

心労から女房がんに罹る。

「必ず復活させるという強い思い」が湧く。個人の資産、会社の資産を売り、会社分割や新会社つくる。

2010年、13か月で、12回海外出張。建物視察、建材買付などを行う。

がむしゃらに借金大返済。

2015年、8月26日満65歳給料0円の会長就任　万歳！

金はなくても夢はある。

新生・カンザンに乞うご期待！

# カンザン　これまでの人生

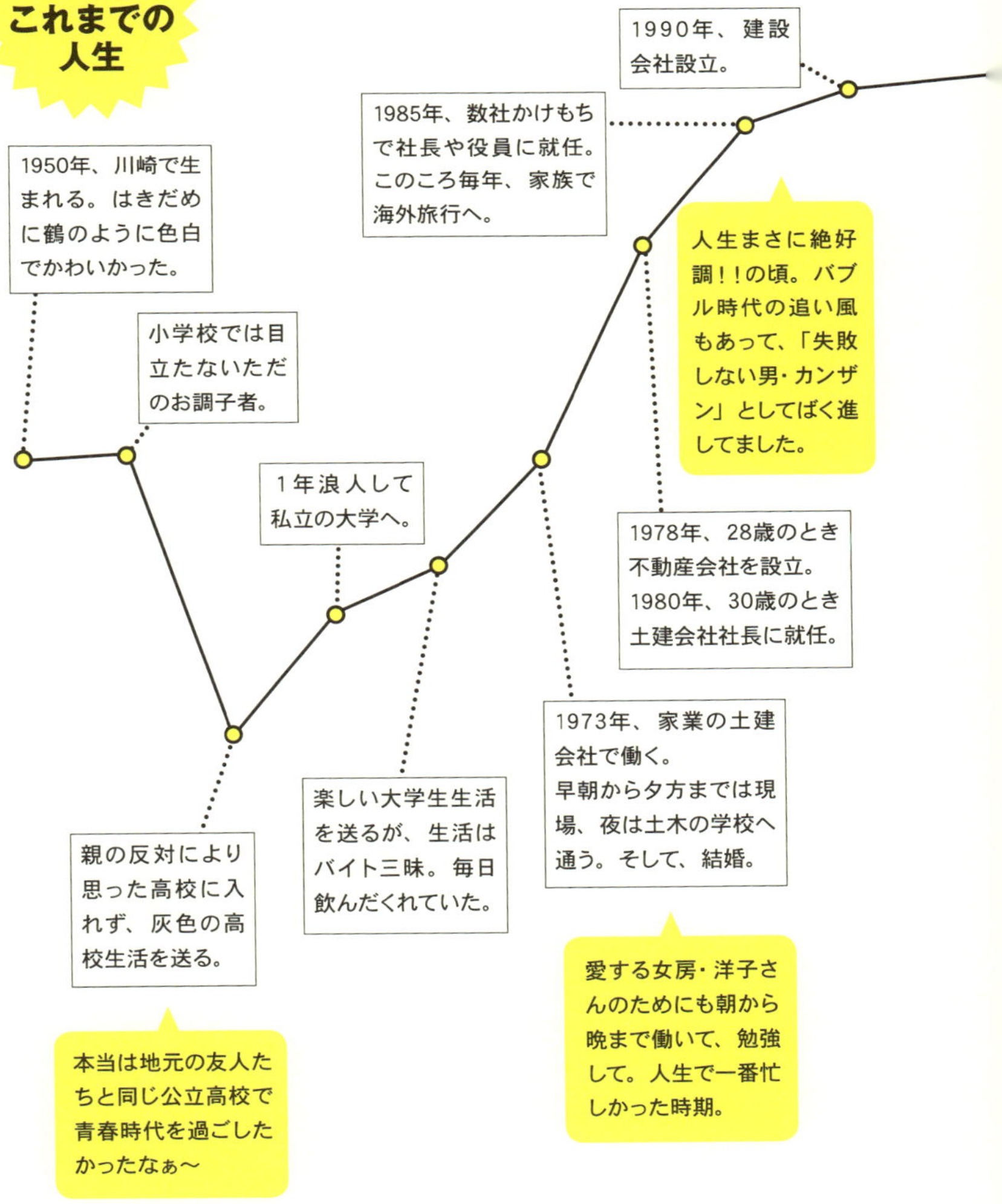
1950年、川崎で生まれる。はきだめに鶴のように色白でかわいかった。

小学校では目立たないただのお調子者。

親の反対により思った高校に入れず、灰色の高校生活を送る。

本当は地元の友人たちと同じ公立高校で青春時代を過ごしたかったなぁ～

1年浪人して私立の大学へ。

楽しい大学生生活を送るが、生活はバイト三昧。毎日飲んだくれていた。

1973年、家業の土建会社で働く。

早朝から夕方までは現場、夜は土木の学校へ通う。そして、結婚。

愛する女房・洋子さんのためにも朝から晩まで働いて、勉強して。人生で一番忙しかった時期。

1978年、28歳のとき不動産会社を設立。

1980年、30歳のとき土建会社社長に就任。

1985年、数社かけもちで社長や役員に就任。このころ毎年、家族で海外旅行へ。

人生まさに絶好調！！の頃。バブル時代の追い風もあって、「失敗しない男・カンザン」としてばく進してました。

1990年、建設会社設立。

……ここまで読んだ皆さんは、きっとこう思うでしょう。

いやいや、そんな借金を背負う前に、会社がやばいことになるのに気づくでしょう？

そもそも、もっと足元を固めてから会社上場すれば良かったんじゃないの？


はい、ごもっともです。

**当時のわたしは、傲慢でした、自信過剰でした。**

なぜ、ここまで暴走したのかと言えば、ひとえにこれまで人生で一度も、**大きな失敗をしたことがない、いわば負けなし人生**だったからです。負けなしだから、上昇志向もハンパなかった。

もっと自分は上を目指せる、もっとすごい人生を歩める。誰からも、成功者だと崇めてもらえる、と思い込んでいたのです。


もっともっと、上を目指さねば！　自分なんて、まだまだ。

強気の反面、臆病な劣等感もわたしの暴走に拍車をかけたのだと思います。

**だから冒頭にも書いたように、「負けなし人生」は危険なのです。**
**過剰な「上昇志向」は、破滅を招くのです。**

会社がおかしくなってから半年ほどは、失意のどん底でした。なぜか耳が聞こえなくなり、まっすぐ歩けない日々が続きました。

会社近くの満開のサクラを見ても、涙がボロボロ止まりませんでした。

その頃は、なぜか総天然色の夢を、毎晩見ました。山が崩れて大洪水に自分が飲み込まれたり、恐ろしい化け物に追いかけられたり、そんな悪夢を見てうなされる毎日でした。

**……朝が訪れるのが、憂鬱だった。**

また今日も、ゴールの見えない果てしない道を、歩き続けなければいけないのか、と。

しかし、あるとき、失意のどん底にいながらも、夢か現実か、目の前にぼわーっと一筋の光が見えたのです。

今、思えば、心の中の幻影だったのかもしれません。でも、そのときはっきりと、

**「カンザンよ、おまえの人生はこんなものか？　まだまだやれる道はあるはずだ」**

と、自分自身に語りかけてきたようにも思えました。真っ暗なトンネルの中に見える、わずかな光のように、自分の歩むべき方向が見えてきたような気がしたのです。

そのとき、わたしの中にはなぜか「**根拠なき自信**」がふつふつと湧きあがってきました。「よし、自分は大丈夫だ。きっと立ち直れる。そして会社も再建できる」と。

**もともと、わたしは「自分大好き人間」です。**

**人生初の大失敗、大失脚の中でも、自分で自分のことを信じられなくなったらおしまいだ。**

たとえ誰も味方になってくれなくても、これからは自分の力を信じて、自分自身を応援していこう。そう決めたのです。

**自ら堀った落とし穴に落ちてしまった自分。**

落ちた後、自分で掘った穴の大きさと、脱出の困難さを思い知らされました。

今、うまくいっている人も、わたしのように知らず知らずに自らが落ちる落とし穴を掘っているかもしれません。

この本では、失墜の原因と、ピンチの切り抜け方を、包み隠さずお話しようと思います。

**わたしと同じように落とし穴でもがく人、崖っぷちでギリギリ踏ん張っている人、これから意気揚々と会社上場を夢見ている人……そんな会社の命運を担うすべての人たちに読んでほしい。**

今でも強烈に後悔している、親の代から引き継いだ会社を業績が良かったのに廃業せざるを得なかったこと、当時の社員たちの生活を台無しにしてしまったことを懺悔し、浄化し、自分と同じように苦しむ人たちへ何かしら復活のヒントとなれば、という願いも込めてこの本を書きました。

**わたしの歩いてきた道、決断の数々が、悩める経営者の方々へ「希望」という名の〝ミエナイチカラ〟となるように……。**

そうなれば、この苦闘の日々がわたしにとって意味のある年月だった、と報われる思いです。

平成27年　65歳の誕生日に

著者　カンザン

Chapter 1

# いま苦しんでいる経営者に贈る苦境から復活する7つのポイント

## Chapter 2 これをやったら会社が潰れる 中小企業経営の生き残り戦術

## Chapter 3 ギリギリでも前を向け！ 崖っぷちから復活する決断の掟

Chapter 4

# 起業家や経営者予備軍に伝えたいとっておきの成功スキル

Chapter 5

# 社長の終活　イカれかっこよく生きるための人生哲学

# Chapter 1

# いま苦しんでいる経営者に贈る
# 苦境から復活する7つのポイント

ポイント

# 1

## 絶望のどん底にあっても大丈夫
## 160億の借金があっても復活できる

序章にも書きましたが、わたしは、経営していた会社の株式上場に失敗して莫大な借金を抱え、一時は精神的にもどん底にまで落ち込んでいました。そこから一生懸命努力を続けて、なんとか這い上がってきましたが、まだその道半ばにいます。

最悪の状況の中でも全力を振り絞って、最善と思われる手を打ちながら、なんとか今のステージまでたどり着くことができた。これからもそうありたいと思っています。

この章では、そんなわたしの経験から得た教訓を書いていくことにします。

株式上場を失敗して抱えた160億円もの大借金。私財を投げ打ち、約7年かけて会社の**利益から返済を続けました**。

それでも現在まだ借金は不良債権として残り、債権者は銀行から「サービサー」に移っています。サービサーについては、後から詳しくお話しますが、私の経営していた会社とサービサーとはすでに大部分は和解しています。ですが、わたし個人については、まだ支払いの義務がなくなったわけではありません。

理屈としてはそうなのですが、自分としてはお金を借りたのはあくまでも銀行なので、銀行に対しては迷惑をかけて申し訳ないとは思っています。

ですが、サービサーから返済しろと要請されても、そもそも返すお金がありません。なので、サービサーとも銀行とも、すべてのところで和解できているわけではありません。

会社がダメになる理由は、一つではありません。ほとんどの場合、いくつかの要因が重なっているはず。そして、問題点を見逃したり、放置しているために、気がついたときは取り返しのつかない状態になっている。そんなケースが多いのではないでしょうか。

そうなった時に、会社をダメにした人間を犯人探しのように見つけ出すのは簡単です。きっと何人も見つかるでしょう。でも、**わたしが痛感するのは、「魚は頭から腐る」ということ**。

つまり、会社は**トップから腐っていく。要するに企業は経営者次第で良くも悪くもなる。腐った社員がいたとしても、それも含めてトップの責任なんです**。

ダメになる企業は、トップがダメだからダメになったわけです。一番大事なことはトップが決めるわけだし、トップがしっかりしていれば、ダメな社員をどうにかすることもできる。最悪の場合は切ることもできる。

とくに中小企業は、経営者自身にすべて責任や負担がかかってきてしまうからね。大手はトップの頭をすげかえることもあるけれど、中小企業はトップの経営者次第、ってことです。

ということは、トップ自らが失敗したことを受け入れて、現実を見据えて本気になって会社再建を目指せば、逆転もありうるってこと。

会社がダメになってトップが悲観して自暴自棄になったら、すべてジ・エンド。魚は「頭から腐る」けれど、司令塔の「頭」が生き返れば、再生は必ずできます。

**わたしが160億の借金を抱えて、どん底からはい上がってこれたのも、ひとえに、「負け犬の人生には絶対にしない」と、心に誓って会社再建に全身全霊であたったからです。**

根性論ばかりでは通用しないのは百も承知。でも、気持ちで負けちゃダメなんだ、ということを、まず冒頭でしっかりお伝えしておきます。

**カンザンの独り言**

**魚は頭から腐る。トップである経営者の善し悪しで会社の生き死には決まる**

ポイント

# 2

# 過剰な接待合戦で勘違い
# 銀行の言いなりになっていると会社は潰れる

景気がいい時代の銀行の融資は、ちょっと異常でした。

**わたしが経営していた株式会社せきやま（以後、せきやま）は、上場を目指していた当時、売上は166億円くらいあって、内部留保金も20億円以上あるようなめちゃめちゃ良い会社だった。**

だから銀行は、つねに「金を借りてくれ、借りてくれ」と頼んできました。会社の経営が順調な頃は、銀行から例えば1億のお金を借りて建売住宅を10棟建てた場合、1棟ずつ売った金で、すぐ担保分を1300万円ずつ返済していました。でも銀行は、まだ返さなくていいから、少しでも長く借りていてくれ、と。そりゃそうですよ、銀行は企業に金を貸した利子で儲けているんだからね。

でもわたしは借りた金は少しでも早く返したかった。そうすることで銀行も、せきやまを信頼してくれていたのです。

せきやまは、会社の初期の立ち上げ費用や保証金はもちろん、社員の給料、毎月かかる固定費などの利益を生まない会社の運転資金は、銀行からほとんど借りたことがありませんでした。

要するに、土地を買うためのプロジェクト資金を借りていただけでした。

もともとの借入額は少なかったから、利益率は良かった。バブルの頃の売り上げは30億円くらいで、税引き前利益では3億円くらい。毎年1割くらいは利益が出ていたのです。でも、そこでいい気になったのがまずかった。株式公開を目指したことで、社員をたくさん入れたり、外部の人たちと顧問契約を結んだり、本社をあざみ野に移し、高い賃料を払ってショールームを作ったりもした。**すべては株式公開をするという名目のもと、無駄なお金をどんどん使ってしまった。**

自慢じゃありませんが、せきやまは設立してから30年近く、赤字なんか出したことはありません。毎年利益が上がっているめちゃくちゃ信頼のある会社だったのです。

そんな中、わたしが上場を目指してからは、取締役や経理部長らが

「**社長はハンコだけ押してくれれば良いですよ**」

なんて言葉を言うようになりました。それを鵜呑みにして、銀行からの借入は、新しく**入社させた経理担当や役員にいっさい任せてしまった。**

確かにいっぱい借りれば、会社的には資金繰りが楽なのも事実。その上、銀行からたくさん接待されて、「借りてくれ、借りてくれ」と頭を下げられれば、経理の責任者はやっ

ぱり気持ちいいわけです。

銀行には接待用の迎賓館があって、接待をするためにハイヤーでわたしと女房を家まで送り迎えしてくれました。そしてそこに専門の料理人を呼んで、鉄板だとか天ぷらだとか、豪勢な料理でもてなしてくれた。

**どこの銀行も競争のように接待合戦してくれた**。東京ドームのネット裏の一番いい席を用意してくれて、家まではハイヤーで送り迎えは当たり前。

「じゃあ、今度はゴルフに行きましょう」

とか、そういう時代だったわけ。

業者の接待もすごかった、大手の住宅設備メーカーなんかは、社員も一緒にハワイはもちろん、国内も京都や東北、大阪、北陸など、いろんな場所に接待で連れて行ってくれました。

そうやってずーっといい思いをしてるから、**やっぱりつい「俺って偉いんだ」と勘違いしちゃったわけ**。

バブルっていうのもあったけれど、当時銀行はそんな感じで貸し出し競争をしていて、いくらでも金を出すっていう状況だった。

Y銀行なんか、せきやまが上場するからって、上場前の株を買ってくれました。上場すればキャピタルゲインでお金が入ってくる。株価が上がれば付き合いのパイプも太くなるから、といろんな面でバックアップしてくれていた。

そういう生ぬるい接待攻勢の中で、自分自身がどんどん勘違いしちゃったんだね。

**それは社長のわたしだけでなく、経理部長も同じ。チヤホヤされているうちにいい気になって、銀行から言われるがまま借りるだけ借りて、おかしくなってしまった。**

あるボクサーがテレビでこんな話をしていました。

「連勝しているときは、つねに色んな人が寄ってきて、チヤホヤされて、毎日がお祭りのようでした。でも、試合に負けてタイトルを失った途端、自分の周りにいた人たちのほとんどがさーっと居なくなってしまった。この落差には、本当に驚きました。勝てば天国、負ければ地獄とは、このことですよ」

**人は羽振りが良い人のところに集まります。それはそこに「お金」や「ツイてる奴独特のニオイ」がするからなんでしょう。**

わたしもそうでした。会社が絶好調のときは、どこへ行っても皆が「社長、社長」とチヤホヤしてくれて、気分が良かった。たとえば、デパートへ買い物に行っても必ず、外商の担当者がついていましたし、**どこへ行ってもそれこそＶＩＰ待遇……**。

欲しいものはほとんど金額を気にせずに買えました。いわゆる「大人買い」というやつです。例えば、新車が出て「これ、欲しいな」と思えば即購入していましたし、ゴルフ会員権も多数もっていました。

今ではとてもできませんが、ピーク時には海外旅行に年十数回は行っていました。もちろん、飛行機はビジネスクラス。そういうことを即断即決できるのは、それだけお金に余裕があったからです。

しかし、事業が思うようにいかなくなってからは、**あちこちで手のひら返しをされました**。もちろん、業者など付き合いのある人の中には、変わらず慕ってくれたり、助けてくれる人もいましたが、この落差の辛さは、味わった者にしかわかりません。つい最近まで、ニコニコ近づいてきた奴らが、クモの子を散らしたようにいなくなってしまう。

「こんなはずじゃなかった」という思いは、自分はもちろん、家族の中にもあります。

調子のよかったころは、銀行の資金を借りて結果的に500棟以上仕入れてしまったのですが、こんなことは、もっと早くストップさせなければいけなかった。

わたしが現場を見に行って、儲けが出そうもないと思った場合には「これ以上はダメだよ」と取締役をはじめ、営業部長や現場の責任者、経理部長に一応伝えてはいたのですが、そのうち、

**「社長に言うとNOって言われるから、言わないで進めよう」**

と、勝手にどんどん土地を買ってしまい、買ったあとに事後報告するようになった。

本当はその時点で、おかしいなって気づかなきゃいけないんだけど。でも、そんな体質になっていると、「まあ、大丈夫か」と思ってしまう。その結果、暴走してしまった。

あの頃は、バブル期だから儲かっていただけ。それこそ素人でも利益を出していた時代。やればやるだけ儲かるはずだ、という幻想を皆が抱いていた。

今なら、冷静になって「何がどうダメだったのか」がわかる。後の祭りにならないように、一見、**調子が良くスピーディに仕事が進む時こそ、立ち止まって現状を把握すべき**だったのです。

カンザンの独り言

## 株式公開は絶対ではない
## 無理して公開基準を満たそうとするなかれ

ポイント

# 3

# 会社再建には必要不可欠の「バンクミーティング」では資金凍結に気をつけろ

「**バンクミーティング**」って言葉を聞いて、すぐピンときた人は、わたしと同類だね（笑）。ほとんどの人は、バンクミーティングなんて言葉、聞いたことがないと思います。

**会社の経営がおかしくなったときに、その会社に融資していた銀行が一同に集まって行うミーティングのこと**。そこでは、融資を受けていた会社が銀行へ経営再生計画書を提示し、返済条件や期間などを話し合いで決める。

まあ、早い話、すべての取引銀行から吊し上げをくうことだ。よくドラマで、「おまえ最低だ！」とか「金返せ！」なんてシーンがあるけど、本当にあんな感じです。

借り手側から見れば、銀行に対して「今すぐ払えないから、支払いをちょっと待ってください」とお願いするのがバンクミーティングの趣旨。会社の状況が今はこうだから、今後はこのように再生します、と、取引銀行を全部呼んで説明するわけです。

そうすると、どこの銀行の担当者も、みんなプンプンして怒るわけです。今まではペコペコしていた相手に頭を下げなければならなかったのは本当に辛かった。お先真っ暗でした。

その後、**各銀行を回り、どういう風に会社を再生させるのかを伝え、融資を受けていた各銀行へ公平に返済するように**（**専門用語でいえば偏頗弁済**《へんぱべんさい》**にならないように**）**取り決め**

をしました。

**偏頗弁済とは、ある特定の債権者にだけ返済すること**。本来は、資産をそれぞれの債権者に対して按分して配分したり、返済金を公平に配分しなければなりません。偏頗弁済とは、債権者平等の原則に違反する行為になります。

だいたいは、**メインで借りていた銀行が返済条件を承諾すると、二番手三番手の銀行もそれに従うケースがほとんどです**。

せきやまの場合は、メイン銀行がY銀行でした。返済条件は、建売した物件の何パーセントは会社の運転資金に回し、残りはそれぞれの銀行に返済する、というように取り決めをしました。

このY銀行本部の融資部部長は、数年後に登戸の支店長になりました。この支店長はすごくいい人で、

「銀行の立場であまりできないけれど」

と言いながら、ほかの銀行を紹介してくれたり、アドバイスをくれたりしていました。

そうかと思えば、違う銀行の支店長からは、毎月の状況報告をするために銀行に行ったときに、

「カンザンさん、もっと落ち込んでいるかと思ったら、元気そうですね。どこかにまだ資産があるんじゃないですか？」

「今でもたくさん給料もらっているんじゃないですか？」

なんて、イヤミをチクチク言われたりもしました。

やはり、**こういう場面では、落ち込んでうなだれていたほうが、銀行関係者からの評価はいいらしい**。それだけ反省しているから、あまり追い詰めるのはやめよう、となるらしいのです。

ところが、わたしのように負債を抱えても元気そうに（あくまでもそう振舞っていただけですが）しているのが、しゃくに触った銀行も当時はあったのでしょう。

**とくにひどかったのがＭＨ銀行あざみ野支店です**。

偏頗弁済にならないように取り決めた返済条件を、**最後の最後に覆してきたのです**。取引のあるすべての銀行には、一棟に付き売上の中の４００万円はうちの会社の取り分とし、社員の給料、運転資金、銀行の利息などを支払い、残りを銀行に返すことで了解を得ていました。

しかしＭＨ銀行だけは多棟現場の最後の１棟で突然、

**「返済金額をもう１００万円上乗せしないと（つまり４００万円の取り分を３００万円にしないと）担保は外さない」**

と言い出した。建売する物件の土地には銀行の担保が入っていて、それが外れないと物件を売ることができません。

これは明らかにＭＨ銀行のルール違反です。わたしは、図々しく偏頗返済を要求してきたＭＨ銀行に従うつもりはありませんでした。

しかしながら、当時、買主さんからは手付金ももらい、あとは残金決済をして引っ越すだけの状態でした。ＭＨ銀行は、そのことは百も承知で、わたしが言いなりになると踏んでいたわけです。

何度も銀行には頭を下げて当初のルール通りに担保を外してもらうように頼みましたが聞き入れてくれなかったので、**結局は買主さんに事情を話して、契約の解除を申し出るしかありませんでした。**

もちろん手付金でもらった１５０万円は倍返しで返金しました。ということは、ＭＨ銀行の条件を呑むより高く付いてしまったということ。でも、ルール違反の偏頗返済をMH銀行にするつもりは全くありませんでした。

このようなやり方は、いじめとしか言いようがありません。**弱っている相手をさらに棒で叩く行為です。メガバンクのMH銀行でさえ、そんな卑怯なことをするのは、今でも腹立たしくて仕方ありません。**

当初、顧問弁護士だったT弁護士が作って銀行に提出した再建計画書のスキームは、10億円くらいのニューマネーを銀行が貸してくれれば、100億円くらいは返せる。なので残ってしまう60億円については、そのときにまた考えましょう、というものでした。

すべての銀行に「**残高維持**」をお願いしました。これは、**借り入れの期日が来る前に全額返済できなくても不渡りや破産申し立てをしないという措置のこと。**

1年たったら、もう1年延長して「残高維持」を継続して、会社が破綻しない状況にしてもらっていました。

しかし実際は、銀行はニューマネーを貸してくれなかった。そのため、資金繰りに四苦八苦することになってしまったのです。

実は、経営改善計画を銀行に出す際、取引先すべての銀行の当座預金に、トータルで**2億円くらい資金があったのですが、バンクミーティングのあと即座に、使えないようにロックされてしまいました**。

これは間抜けでした。私も含めて社内の経理とか取締役、弁護士もそうだけど、資金凍結されることは予想して当然です。なのにそれを忘れて対処しなかったわけ。

普通は、そういう事態を予測して、全部現金を下ろしておき、借り入れのない別の銀行に移すなどの対策をするべきでした。

こうして、会社の資金が凍結されてしまったので、ますます資金繰りが大変になってしまったのです。

最初のひと月、ふた月はとくに大変でした。とにかくキャッシュがないので、業者に支払うお金をなんとか工面しなくてはならなかった。

当時は、毎日冷や汗をかきながら、**土地と建売を叩き売るなどして資金を工面**。なんとか綱渡りで切り抜けていました。

今でも悔やまれるのは銀行の預金を凍結されたことだね。

**会社にとってお金は血液。それをバンクミーティング後に凍結されちゃうなんて、本当にお粗末。**もちろん、そんな仕事を担当の取締役や、経理の責任者に任せていた自分が一番悪いんだけど……。

その経理の責任者は、大手の企業を渡り歩いて、せきやまに来た。そこそこ頭は良いんだろうけど、いくつか潰れた会社に勤めていた。思えば、当時、うちの女房は大反対。「**運のない人を入れちゃだめよ**」と。

あとの祭りとは、まさにこのこと。スキルがあっても、潰れた会社にいた、ツイていない人間を入れてしまうと、肝心なときにヘマをして、会社をますます窮地に陥らせることになる。

**こういった運や実力のない奴、会社に愛着はないのに、人一倍、自分の損得感情に敏感な奴。こういった人間がいると、会社をダメにする加速度が一気にあがっていくわけだ。**

さて、バンクミーティングのあと、銀行に預けていた資金が凍結され、にっちもさっちもいかないとき、T弁護士の口利きで、建物を担保に高利貸しから運転資金として3億円を借りることができました。

それである程度、お金が回るようになったものの、一時しのぎのやり方だから、その後の借金の返済をどうするかということになった。

あとはもう土地や建物をたたき売りするしかない。例えば、以前1億円で仕入れた土地を他社に5000万円で売る。完成している建売を採算度外視で、つまり相手の言い値で売っていました。そうやってタコが自分の足を食べるように売り、キャッシュがつまらないようにして切り抜けるしかありませんでした。

ちゃんとした運転資金があれば、うまく回っていったはずなのに、そのときは何せ金が無いからね。**それで会社の資産として持っていた500棟分の土地や建物のうち優良です ぐ換金できる土地や建物を優先してたたき売りして現金に換えていった。要するにおいしいところは全部、手放してしまったわけです。**

計画通りにニューマネーを10億とか入れてくれれば、たたき売りをしないでそのままうまくやれたのだろうけどね。当時は、どこの銀行も資金を出してくれなかったから、資産を投げ出す後ろ向きな方法しか残されていなかったのです。

でも、考えようによっては、そういった資産があったから、倒産は免れたということもできる。会社が建築業、不動産業だったから、なんとか生き延びたのだろう。
万事休す、と思っても、これまで自分が築き上げてきた、「仕事の実績」に助けられたと、前向きに考えている。

こんな明らかな損を出しながらも、**会社を潰すこともなく、結果的に6年間で30億円を切るくらいまで借金を返すことができています**。改めて考えると、自分でもよくやったほうだと思います。

ところで、銀行とのつながりでは、当時、銀行からの天下りを監査役などで受け入れていました。なので銀行OBが何人か在籍していたのですが、大した仕事はしていませんでした。そんな人たちは、会社が傾き始めたとたん、一番先に逃げていきました。

安易な天下りの受け入れも、やめたほうがいいのです。

**カンザンの独り言**

**バンクミーティングでは想定外のことが数々起こる**
**それを乗り越えた自分には誇りが持てる**

ポイント

# 4

# サービサーは徹底的に弱った者をいじめる
# ブレずに毅然と立ち向かおう

会社経営というのは、黒字だろうがなんだろうが、キャッシュが回らなくなれば支払いができなくなって倒産してしまう。だから、銀行の融資が止まると、事業は黒字でも潰れてしまう。

せきやまの場合は、キャッシュを回すために、過去に仕入れていた８０００万円とかの物件を５０００万円くらいで叩き売りしていきました。当座必要な金に換えなくちゃいけないから、バッタ売りしながら当初あった１６０億円の借金を返済していったのです。しかし、結局、30億円くらいは残ってしまった。

内部留保の20億円や、わたし個人の資産も吐き出したのですが、それでも残ったのが、**30億円の負債。いわば不良債権です**。

銀行は不良債権をいつまでも持っていても仕方がないので、別の会社に売って処理をします。その**不良債権を買う会社が「サービサー」です**。**銀行はサービサーに不良債権を売ることで、損金処理ができる**。サービサーはどうしようもない債権は１社１０００円とか１万円とか、もうポンカスで買ってるわけ。ただ、**債権額を請求する権利はサービサーに移るから、債務者に「払え」と請求してきます**。

もともと、**銀行があきらめた債権なのだから、債務者も払えるわけがありません。するとサービサーは、裁判を起こすなどして債務者をいじめてくるわけです。**わたしからみりゃ、サービサーなんてろくなシステムじゃないと思いますね。

破綻と言えば、１９９８年10月、日本長期信用銀行が金融再生法適用第1号として一時国有化されたあと、外資に買収され新生銀行に衣替えしたことがあった。

そもそも金融再生法は、長銀処理のための法律と言われていたのですが、続いて日債銀も同じ道をたどりました。

資産24兆円の大規模銀行の破綻は世界でも例がなかったので、長銀の破綻処理では、損失の穴埋めのため、公的資金３兆２３５０億円が国から贈与された。その過程で株主、投資家の持っていた株券は紙切れになったのです。

その際、話題になったのが「**ハゲタカファンド**」の存在。別名「企業再生ファンド」ともいい、経営危機、経営破たんに陥っている企業の債権や株式を買い取って、実質的な経営権を握り、企業を再生させる。

企業価値を高めた上で株式を高値で売り、利益を上げるハゲタカファンドが事業として存在していて、専門の事業者がいたわけ。

確かに理論上は、一時的に経営破たん状態にある企業であっても、経営陣の刷新、法的整理、リストラ、資産の売却などをして、買収者であるハゲタカファンドが適切な手腕を発揮すれば、再生させることはできる。

でも、ハゲタカファンドの手法は、再生の目処がついた段階で、高い値段で売り逃げすることだった。その後、長期間に渡ってその会社が事業を続けていくことなんかは考えていない。再生の余地はあるけれど、経営破たんに近い状況になっている企業に狙いを定めて安く買収することが大きな目的になる。

ハゲタカは動物の死体を食べるために、今にも死にそうな獲物を上空から捜してまわる。そのハゲタカに例えて、経営破たん寸前の企業を探して買い取る企業再生ファンドは、ハゲタカファンドと呼ばれるようになったんだよね。

で、ハゲタカファンドは一時世間を騒がせたけど、これはおかしいってことで、**サービサー法ができた。でも、結局弱いものいじめみたいに、弱っている者から搾り取っちゃうのがサービサーだ**。

じつは今でも、わたしはこのサービサーからは苦しめられてる。別に居直ってるわけじゃないけど、自分はもう会社の実権を握っているわけでもないし、給料をもらっているわけじゃない。払えないものは払えないからね。

もちろん、今でも弁護士と相談しながら、会社と社員、関連会社に迷惑がかからない最善の方法を模索しながら善処していくつもりです。

そこは昔も今もブレてないからこそ、サービサーとも向き合えるというわけだ。

何も資産がない、ということはある意味、強い。開き直っていられるからね。銀行には負い目はあるけれど、サービサーには負い目がないから、不当なやり方には闘っていけるのです。

カンザンの
独り言

**ハゲタカのようなサービサーと立ち向かうには**
**闘う智恵が必要だ**

ポイント

# 5

## 普段からの信頼関係は大事
## 苦境になったとき、きっと誰かが助けてくれる

資金の流れがストップして、いよいよ苦境に立たされたとき、心配の種のひとつは、これまで仕事を依頼していた業者さんたちのことだった。

あるとき、普段、付き合いのある業者さんたちを一同に呼んで、会社の現状を説明したことがあった。

「会社がこんな状況だから、今後、支払いが遅れることもあるかもしれない」

と、わたしは頭を下げた。すると、大手の業者の中には、

「今後は、保証金を入れてくれないと、仕事はしない」

と、言ってきたところもあったけれど、全体的には業者さんの反応は好意的だった。

思えば、**業者さんから変なことを言われたことは、これまで一回もなかった**。それは本当に有難かった。保証金のことを言ってきた業者も、現場で接点のあった人たちは、

「**社長のところは、一度も支払いが遅れたことがなかったし、本当に世話になったから、これまで通りのお付き合いをしたい**」

と言ってくれていた。保証金のことは、結局は組織としての判断もあるから仕方ないこと。それなのに、

「社長、こんなことになって申し訳ない」

なんて頭を下げてくれた。

そうされると、わたしも「迷惑かけちゃったな」と心苦しさでいっぱいになった。

そんな対応をしてくれるのは、それまで業者さんたちとの人間関係を大切にしてきたからだと思う。職人さんたちも、何も文句を言わずに、逃げないで現場をやり抜いてくれた。それは今までずっと一緒に仕事をやってきた中で、一度も賃金の遅配もなく、きちんと信頼関係を築いてきた結果だろうと思っています。

でも、会社がおかしくなった頃は、資産はあってもとにかく手元に現金がなかった。あの時、リーマンショックがなければ、そこまで厳しい状況にはならなかったんだろうけど。当時は、どこの銀行も一斉に貸し渋りをするようになっちゃったからね。

そのころは、まだ社員を100人以上抱えている状況でした。そんな中、わたしは業者さんや職人さんの厚意に報いるためにも、会社の再生に向けて全力を尽くすことを決意します。まず手始めに、これまで人任せにしていたことを社長である自分が率先して行うことにしました。

当時、最大の課題だったのは銀行対策でしたから、わたしは毎日いろんな銀行に行って、頭を下げながら会社の状況について説明して回ったのです。

業者さんたちとの違いで顕著だったことは、**銀行はまさに手のひら返しが多かったこと。**急に立場が逆転しちゃうわけだよ。今まではさ、皆でペコペコして、ホイホイ持ち上げてくれていたのに。

まあ銀行なんて、そんなものだね。表現は悪いけれど、「**溺れた犬は棒で叩く**」みたいな態度で接してくるわけです。

銀行に限らず、人ってやっぱりそういう一面もある気がするね。でも、それも仕方ない。自分でまいた種だから。色々、思うところはあっても、社長としてはやはり、結果に対して責任取らなければいけません。

だからこういう経験をして感じたのは、**物事には必ず「表の面と裏の面」があるってこと。どんなことでも、100対0はないんです。**

自分にとって良いことが、ほかの人にとって必ずしも良い訳じゃないし、逆もまたしかり。

銀行の手のひら返しは、わたしにとっては嫌なことでも、銀行にとっては自分の会社を守るため、負債をなんとかするためには、当たり前だったということです。

政治でもなんでも同じだね。アクが強くて世間的に「あの人は悪い人だ」と言われていても、地元や関係者にしてみれば、多くの利益を還元していたり、困った問題を解決していたり、良い面もあったりするわけです。

**立場の違いによる「表と裏」の面を知ると、落胆したり、裏切られた思いをしなくてすむ。**だからわたしは、生きていく上で敵はいてもいいと思っています。

無理に八方美人になる必要はない。どんな人でも自分に何かしらの「利益」をもたらす相手だから、付き合っているわけだしね。これは別に負け惜しみでもなく、人間の本質を考えれば当然のこと。

だからこそ、**変わらぬ態度でいてくれた業者さんには心から感謝している。**今でも二人三脚でお付き合いができているのだと思う。

カンザンの独り言

**人は「利益」を軸につながっている**
**裏と表があるのは当然と思えば腹も立たない**

ポイント

# 6

# いつも感謝の気持ちを忘れない
# それがどん底を乗りきる力になる

最近、感謝の気持ちがふつふつと湧いてくることがあります。スポーツ選手がよく、
「自分が勝てたのは応援してくれているファンや、支えてくれているスタッフ、家族のおかげです」
と感謝をしている場面を見かけます。若い頃は、その心情をあまり理解できなかったけれど、今ではその気持ちが良くわかります。

**人は他人から与えられたときの感謝よりも、自分が些細なことでも人の役に立っていると思えるときに感じる感謝の念のほうが強い、**ということ。つまり、**人の役に立ったり、人のために何かを施せる立場というのは、とても有り難いことだと気づいたのです。**

残りの人生を考えたとき、すべての借金は返せないかも知れないけど、まだ自分が元気で出来る間は、気持ちとしては世間に何かを返していかなきゃいけないと思っています。だからというわけではありませんがわたしは、ボランティアじゃないけれども、人助けになるようなことを周りを巻き込みながらやっていこう、と思っています。

人助けやボランティア活動は、昔から会社としてやってきた。例えば、着なくなった子どもの衣服を関係者から集めて、アフリカや東南アジアの恵まれない子どもたちに送る活

動をやってきました。

なんかね、会社がうまくいってるときよりも、今現在のほうがボランティアに対する思いが強くなっています。

できればＮＰＯ法人を作って、組織としてやっていければという思いもあります。活動資金はあくまで個人持ちで、手弁当で参加出来る人に賛同してもらうことができれば、今後活動できるかもしれません。

**もう社長をやめようって公言してからは胸のつかえも取れた**し、今は非常に精神的には楽になっている。

その分、感謝の気持ちも自然に湧き上がってきて、何か解き放たれたような感じになった。

本を出そうと思ったのも、そういう心境から思いついたこと。これからどんな事をやるかを考えるときも、「**肩肘張らずにできればいいんじゃないか**」という気持ちになれた。とてもありがたいと思っている。

**会社がおかしくなってからの7年間は、ずっと「こんなものじゃ終わらない」って思っ**

ていた。そして、どこか俺が俺がって気持ちが強かった。でも、まわりの人たちが助けてくれたおかげも大きいけど、そろそろ解放されるステージに来ているのだな、と実感しています。

要はこれも運なのだなと、最近つくづく思います。社長を引き継いでくれた奥山も助けてくれるし、良い社員ばかりが残って頑張ってくれている。本当に感謝しなければいけないけど、自分が諦めないで努力しているから、そういう運がつかめている面もあるのだと思う。

**自分で行動しなければ、悪いことも起きないかもしれないけど、良いことも起きない。だから自分で動いて、自分で考えるって事が結局は一番大事なことなんじゃないか……。**

そんな思いでこの数年、頑張ってきたからこそ、自分と同じような境遇や、頑張ってはいるけれど不運な境遇にいる人の役に立ちたい、という思いがずっと身近なものとなりました。

その思いは、**お金を返すということだけに限らず、広い意味で「恩義を返す」という形**

で、自分になりに今後の人生で実現していきたいと思っています。

**カンザンの独り言**

**苦境を乗り越える原動力はやはり人からの恩義**
**今後はそれを広く世間に返していく**

ポイント

# 7

# 厳しい状況では無理に進むのも逃げるのもダメ
# 前を向いてハスに構えて少しずつ進もう

経営者はどんな人からも好かれるようにしなければいけない、みたいなことを言ってる人もいるけれど、それは無理な話だよね。**「敵を作っちゃいけない」ってことをメインに経営するのは難しい**。どの社長だって大なり小なり苦しいことはあるはず。

少し前に実の親子で経営権を争った大塚家具にしたって、親子で敵同士になりたくてなったわけじゃないと思う。でも、親子であり経営者であるという側面があると、相反する面が出れば、そりゃ、場合によってはトコトン決着がつくまで戦わざるを得ない。そういう親子関係は、ある意味、痛いと感じました。

**経営者は孤独ですか?** ってよく聞かれます。自分はそうは思いません。孤独って気持ちは分からなくはないけど、1人だとか、さみしいだとか思ったことはありません。まあ、いろんな局面でストレスはたまるけどね。

**これは持論ですが、経営をしていく上で、退却することはあると思う。でも、それは逃げることとは違います**。逃げるときは、普通、背中を向けるでしょう。そうすると勢いが付いちゃう。逃げること自体に勢いがついてしまうのです。

**でも、向かい風でも前を向いていれば、後ずさりはするけど逃げの方向に勢いはつかない。いつか風が収まったら、前へ進めるようなことがある**と思うんです。

先日、書店で「人生の9割は逃げていい」という本を目にして読んでみたんだけど、わたしの解釈は「人生の9割は逃げていい」じゃなくて、「土俵で前を向きながら、風をかわしていけばいい」のだと思います。

そう、**正面から風をうけるんじゃなくて、身体をハスに構えてかわしていけばいい**んですよ。

カンザンの独り言

**厳しい状況のときに背中を向けたら負け**
**ハスに構えて向かい風をよけながら前に進め**

Chapter 2

# これをやったら会社が潰れる中小企業経営の生き残り戦術

戦術

# 1

# 会社の規模が大きくなるにつれ行なった
# ワーキングシェアが諸悪の根源だった

この章では、わたしが苦境に陥った原因を振り返って、どこが悪かったか、どうやったら会社の危機を回避できるのかについてお話することにします。

ここまでお話してきたように、せきやまの場合は、**会社の株式上場を目指しはじめたことが、最悪の事態を招く原因だった。**とにかく株式公開に向けて会社の規模を大きくしようと、社員数を一気に増やしたころから、わたし自身が現場での采配をしなくなってしまった。

同業他社から人材を引き抜いたり、募集をかけて人を集めたりしたけれど、他から呼んだ人間は、サラリーマン気質が抜けなくて頭でっかちな人間ばかりだった。もっともな理論ばかり並べるけれど、生きた経営がわかっていなかった。

**人事や経営についてはコンサルタントに任せましたが、彼らはやたら難しい話しかしない。**初めのうちは自分も感動しながら聞いていたのですが、何度も聞いているうちに「あ、こいつ勉強してないな」というのが分かってしまう。

それをそのコンサルタントにズバッと指摘すると、相手はビビるわけ。いろんな本も書いている有名なコンサルタントだったけど、わたしからすれば、「**言語は明瞭、意味不明**」でガッカリしました。

でもそうやって、自分以外の人間に仕事を任せてしまって、

**「社長はドンと構えていてください。あとはこちらで処理しますから」**

みたいな言葉に惑わされて他人任せにしているうち、本業がジワジワと蝕まれてしまった。**まさに会社が張り子の虎になる過程でした。**そして、会社の内部にある金が、新たな金を生まない名目だけの資産に変わっていってしまったのです。

会社が危機に陥った時には500棟くらいの在庫があって、それでもどんどん仕入れをしようとしていました。そのときに、**ワーキングシェア方式で、ひとつの仕事を何人かで分担していたのも、責任が曖昧になってしまった大きな原因。**

現在は30人ほどの社員一人ひとりが自分の仕事を責任もってやっているのを見れば、あの当時の仕事も50人いれば十分やっていけたのがわかる。要するに、**160人いたうち110人くらいは、ぶら下がりの社員。まったく無駄な人材だったわけ。**

思えば当時は、経理が10人もいました。現在、経理は女性社員2人だけ。彼女たちは仕事がすごくできるので、関連会社も含め、2人で仕事を回せてしまう。

やっぱりね、人数がいるから仕事がたくさんできるわけじゃない。心理学では「**人は集**

**団行動や共同作業を行う時に無意識のうちに手抜きしてしまう現象**」があるそうで、これを「**リンゲルマン効果**」と呼ぶとか。

たとえば、ワークシェアをする場合、一人のときに発揮する力を100%とすると、2人の場合は93%、3人では85%、8人では49%まで低下するという。一人では100%の力が、8人になると半分以下になる。そんなデータもあるそうだ。

つまり、現実の職場では、**ワークシェアリングしないで、自分が多能工になって、一人の人間が責任をもって仕事をしたほうが効率がいい場合が多いってことです**。

スポーツの世界でも「チームプレー」の良さを協調したりするけど、それはあくまでも一人ひとりが本物のプロとして実力を発揮しながら結果に対しての責任を負っているから成立してるわけ。

「誰かがなんとかするだろう」

「仕事は分担できるから、自分だけ頑張らなくてもいいだろう」

ではダメなんです。

だからわたしは、**ワークシェアリングは反対**。一見、効率がよさそうに見えて、長い目で見たら組織をおかしくしますよ、と言いたい。

**カンザンの独り言**

**合理的なようで生産性の低いワークシェアリングにだまされるな!**

戦術

# 2

# 会社がおかしくなるときには予兆がある
# 社内で不運が続くときはすぐに対処しよう

**会社がおかしくなるときは、だいたい予兆があるもの。経営者は、その予兆を見逃さずに、早めに対策を考えることが必要です。**

ヒューマンエラーはどこの組織でも起こります。経営者としては、初期の段階でリカバーすることがもっとも重要なんです。

たとえば、社内や自分の身の回りで、事故や病気が続くことがある。そんなとき、「ツイてない」などと怒ったり、嘆いてばかりではいけません。それは、**自分の会社が傾くサインかもしれない**と気付いて、早めに対策を打つ必要があるからです。

バブルまっさかりで景気のよかった時代、せきやまでは、毎年たくさんの新卒を採用して、会社の規模を拡大していました。そんな中、社内やわたしの身の回りで次のような問題が連続して発生したのです。

✖新卒のある男性社員が、わたしが再三、「バイクは危ないからダメだよ」と注意していたのに、通勤途中にバイクで大事故。結果的には半身不随で寝たきり状態になってしまった。

✖ある女子社員が心の病になってしまい、会社としては補償金を出していましたが、本人は不服だったらしく、労働基準監督署を通じて異議申し立てをされた。

✖今ではすっかり見かけなくなった「ステ看板」(電柱などに立てかけられ、そのまま放置される看板。設置については軽犯罪法に触れることも)ですが、社員には散々、「そういうことはやるなよ」と注意していたにも関わらず、社員の一人がステ看を電柱に貼ってしまい、警察に注意された。

✖車に追突される事故が立て続けに4回も続く、という不運に見舞われた。

当時のわたしの心境は、「自分は何も悪くないのに、どうして嫌なことばかり続くんだ……?」と、怒りにも似た思いでいっぱいでした。

でも、そういうことの最終的な責任はすべて社長にあります。**いくら社員教育をしても、何かあれば結局は「あの会社は何をやってるんだ、社長の責任だ」となる**。

会社を一人の人間に例えると、「俺は健康だ、病気になんかなるものか!」と過信して暴飲暴食したり、無理を重ねたりすると、そのうちあちこち歪みが出てきます。

本当はそういうとき、自分の身体に耳を澄ませれば「腰が痛い、頭が痛い、身体がだるい」というサインを出しているはずなんだよね。それを無視して突っ走るから、いつかはダウンする。自分でも薄々「無理してるな、やばいな」と分かっているのに、現実を知るのが怖いから見て見ぬフリをしてしまうのです。

当時の自分もまさにそうでした。**会社を大きくすることばかりに力を注いで、大事な骨組みにガタがきている「悪くなるサイン」を見逃してしまった……**。

いや、正確に言うと「なんとなく分かっていたのに、認めたくなかった」のが正解でしょう。

健全な組織を存続させるには、こういった「悪い予兆」を見逃さないこと。やはり何事も早期発見、早期解決が大事です。

**カンザンの独り言**

**会社経営にも「虫の知らせ」はある**
**不運が続いたら立ち止まって原因を確かめるべきだ**

戦術

# 3

# 小さな失敗を恐れるな 大きな失敗を避けるための教訓になる

俺の人生、負けなしだ！　正直、会社がおかしくなるまでは、ずっとこう思ってました。いや、本当にバカですね。

失敗はするより、しないほうがいいとみなさんも思っているでしょう？　いえ、違うんです。**とくに若いうちは、大成功するより、小さな失敗はあえてしておいたほうがいい。**

そりゃ、立ち直れない失敗はダメだけど、**人間は小さな失敗を重ねながら学んだほうが、間違いのない大きな成功をつかめるのです。**

わたしの場合は、大きな失敗も挫折もせずに、若いうちはそれこそ「コワイモノシラズ」で突っ走ってきました。今より百倍もとんがっていて、行動も発言もあの「横山やすしさん」にソックリでした（と、良く周囲から言われていました）。

だけど、以前は自分で業務を切り盛りして、現場の仕事をすべて把握していました。舵取りも自分でしていたのでミスがあっても最小限に抑えられていた。

大学を卒業して、建築業界、不動産業界に入ってから、そりゃ一生懸命に仕事をしました。あの頃の自分はゆとりがなくて、神経をピリピリさせていたな。

つねに**「これじゃいけない」とか、「もっとできるんじゃないか」という焦燥感や劣等感でいっぱいでした。**

今、考えてみると、お金のことを含め、同年代の人たちと比べて、いい境遇だったと思います。でも、あの当時は「人よりも遅れているんじゃないか」と、ずっと思っていました。足元を固めるのじゃなく、上を見てひたすら突っ走っていたような……。もっと地道にコツコツとやっていれば良かったのに、そういう気持ちになれなかった。

その反面、**劣等感の裏返しなのか、「俺は失敗なんかするわけない！」という自信も相当ありました。ある意味、そんな劣等感が向上心にもつながっていたのだと思います**。

要するに、そうやってビビりながら経営をやっていたときはまだ良かった。**すべて自分で判断してやっていたので、アクセルとブレーキを上手に操れていたのです**。

でも、崖からの落ち方としてはそんなに悪くはなかったと思う。落ちる前は、人任せにしていた時期があったけど、落ちたあとは自分ですべてやって、少しずつ這い上がってきたわけですから。

すべてが自分の思い通りになったわけじゃないけど、**転落から2年くらいでリカバリーできた**。

会社が潰れずにすんだこと、社員や家族、家を守れたこと。ベストではないが、これがベターだと感謝しなくちゃいけないね。

カンザンの独り言

**失敗知らずで転落したけど、自分で舵取りしてリカバリーできたのは不幸中の幸いだ**

戦術

# 4

# どうしようもなくなったときのリストラがその後の会社の生死を分ける

一般的に、会社の経営が傾き始めると、会社の内外で次の流れが起こります。

①モラルの低い、だらしない社員が増える。それを上司が注意せず、どんどん悪循環が起きる。

②腹の座っていない社員は、会社を辞めていく。

③リストラされた社員は、社外で会社の悪口を言う。

④ツイッターや2ちゃんねるで、会社の悪評を振りまく。

⑤それを見た関係者が、さらに噂を広める。

⑥残った社員や家族が動揺しはじめる。

⑦社内の雰囲気が疑心暗鬼になる。

以上のように、まるでウイルス感染したかのように、会社自体が負のスパイラルに飲み込まれます。

こんな時に、社長として管理職としてどう対応すればいいのか?

慌てたり、焦ったり、イライラしてはダメです。まずは「**去る者は追わず**」で、辞めていく人間はやめてもらう。その上で、**気丈に厳かにリストラを敢行することです**。

正直、社長にとってリストラは身を切られる思いですが、本気で会社を立て直そうと真剣だったので、会社にとって必要のない人材はどんどんカットしていきました。

最初は上層部の人間にリストラを任せていましたが、ときには自分の先輩にあたる人物にリストラ宣告しなければならない場合があります。

あるとき、リストラ候補だった部長が、

「あいつにも辞めてもらおう、あいつもダメだ」

なんてリストアップしていたから、勘違いしている幹部たちはわたしから

「いや、おまえはもういらないよ」

と、切ってしまった。中には、課ごと全部なくしたケースもあります。

**会社の生き残りを本気で真剣に考えた場合、やはり本当に必要な社員以外は辞めてもらうしかない**。

わたしは別に、会社組織を大きくすることを否定するつもりはない。会社の経営者として株式上場を目指すことは大いにけっこうです。

ただ、上場のために無理に組織を大きくするのは、本末転倒です。社員が一気に増えることで、社長として全体が把握しづらくなり、**自分の利益優先の太鼓持ちの社員が、耳障りのいい話しかしないようになる。**

結果的には、**社長である自分が裸の王様**になってしまった。これでは冷静な判断はできません。

せきやまは、もともとは**会社上場から始まった不必要な会社のぜい肉を、リストラすることでそぎ落とし、機動力と耐久性のある組織に生まれ変わった。**

わたし自身も身を切られるしんどい思いを何度もしてきたけれど、人も組織も気持ち次第で再出発できるってことなんです。

**カンザンの独り言**

**身を切られるような覚悟のリストラで組織は健全に生まれ変われる！**

戦術

# 5

# 安易なお金の貸し借りは絶対にするな ちょっとした油断が命とりになる

これは当たり前の話ですが、わたしは**銀行以外からはお金を借りてはいけない**、と思っています。例えば、友達から借りるとか親戚から借りるとかやってしまうと、１００％返せることは無いわけだよ。

苦しいときって、誰かに助けてもらおうと、

「これだけお金があれば、これさえあれば何とか乗りきれるはず」

と、つい思ってしまう。でも、それをやってしまうと、大抵はダメ。人間関係が壊れてしまいます。

だからわたしの場合は、貸してくれ、と来た人にお金を渡すときには、あげちゃうつもりでした。

会社がうまくいってるときは、友達でも同業者でもお金を借りに来るわけよ。当時は、たとえお金を返してくれなくても、それほど痛くはなかった。でも簡単には貸さなかった。それでも、どうしてもって頼まれたら捨てるつもりであげちゃう。でも、やっぱり人間関係はお金が絡むとダメだね。

返してくれなくてもいいよって言っても、相手はやっぱり引け目とかがあって、縁が切れてしまう。

でも、わたしは人から金を借りた記憶は無い。兄弟でも、親でも、お金は絶対借りたことがありません。まあ銀行はお金を貸すのが商売だから、借りるなら銀行だけということ。

**あと保証人も絶対にやってはいけません。**株式公開しようと思った理由のひとつに保証人の問題もありました。要は株式を公開するとなると、もう自分で連帯保証人をやらなくていいわけ。

非上場企業が銀行から借入するときには、ほとんどの場合、社長の個人保証を付けるのが条件になります。でも、**上場会社になると、個人保証は付けなくて良くなります。お金の問題だけじゃなく、連帯保証人になってしまうと、すべてを失ってしまう。そのくらいの覚悟をしなければ保証人にはなってはいけないということです。**

上場すれば、そんなリスクを回避できる。確かに上場には経営者にとって多くのメリットがあることは間違いありません。

ただ、今思えば、本末転倒な考えをしていました。もっと**内部留保を分厚くし逆境に耐えられる会社づくりを目指すべきだった**のです。

カンザンの
独り言

会社上場のメリットより、もっと
逆境に強い会社作りを目指すべきだった

戦術

# 6

# 相手の嫌な面をあげつらうのはダメ いい面を見て人間関係を円滑にしよう

もし、自分の周りにはいい人ばかりで、何もトラブルもなく、毎日、全くストレスのない生活がずっと続いたら……？

ある意味、幸せなのかもしれないけど、進歩はないと思うね。人はやっぱり、思うに任せないことがあったり、嫌な奴がいたり、競争相手としのぎを削るようなことがあるから、「**どうすれば改善するのか、どうすればライバルに勝てるのか、どうすれば嫌な奴と顔を合わせずやっていけるか**」

と、知恵を絞ったり、努力したり、自分の持ち味を極めたりするわけだよね。

でも、そうやって他人と切磋琢磨しながらも、わたしは、どうしても嫌な奴との関係はスパっと切ってしまうようにしています。

そんな思いは年齢を重ねるごとに強くなってきました。わたしは、「この人には嫌われたくない」みたいなことは今まで思ったことがない。まあ、反対に自分が相手から縁を切られてることはあるのかもしれないけど……。

それはわたしがずーっと社長をやっているから出来たことかもしれないけどね。例えば部下であれば、嫌いな上司がいたとしても、そう簡単に関係を切ることはできないよね。

やっぱり人間だから、相手のことを「**嫌な奴だな**」**と思っていれば、にこにこしたって絶対、相手に伝わってしまう**。

心の奥にある思いって伝わっちゃうから、怖いんだよ。だからそういう思いがあるのに、表面上、無理して親しくしようとするのは不実なことだし、ストレスも溜まる。

わたしの場合は、わざわざ人に合わせないかわりに、自分で自分を律することはするようにしています。ワガママもほどほどにして、相手のことも考えて、**感謝の気持ちとか、思いやりとか、喜んでもらえるようなことをする努力はしてみる**。

できるだけそういう気持ちで人に接して、自分のことをわかってくれる人だけにわかってもらえればいいのかな、と思うようにしています。

これは若い頃にはなかなかできなかったこと。でも、どうでもいいようなことには、目を瞑らなくちゃいけないし、わざわざ相手の欠点ばかりをつついても仕方がない。

それでも許せない相手とは、付き合わない。その線引きが明確にあるから、本当にストレスがたまりません。

例えば、**わたしは女房の悪口は言ったことないんです**。もちろん女房だって欠点はあるんだよ、当たり前の話だけど。

でもそれを大きく上回る良いところが8割以上あるから、良いとこしか見ないようにしている。

女房に限らず、相手の欠点に目を向けてあれこれ言ってもはじまらないんだよ。もともとの性分もあるわけで、そういうことは言ったからって直るわけでもない。言えば相手だって傷つくし、嫌な思いをするわけ。

**社員や取引先との接し方も、相手のいい面を見るほうがうまくいく。人間関係がよくなれば、社内の空気も取引先との関係もよくなっていくから。**

ただね、意図して相手を傷つけるようなことは言わないようにしてるんだけど、案外、自分は鈍いところがある。

無神経に言った言葉で相手を怒らせたりね、そこらへんは難しい。わたしの中ではセーフでも、その人にとってはアウトってことがあるから、知らずに言ってしまって、地雷を踏んでしまうこともあるよね。

今だにそこらへんは、勉強中だけど、寂しい老人にならないために、**少しでも人の良い面を見て、人生の明るいほうに目を向けていきたい**な、と思っている。

カンザンの独り言

**あえて欠点をつつかず、良い面を見る**
**自分の目線を変えることで人間関係は変わる**

# Chapter 3

# ギリギリでも前を向け！崖っぷちから復活する決断の掟

決断の掟

# 1

# 負ける勝負はするな！
# 負け犬にはならない必勝法とは？

この章では、崖っぷちのときにどんなことを心掛けてどんな行動をとればいいかについてお話しすることにします。

わたしはいい意味でも悪い意味でも、**正義感が人一倍強い**。自分がこうだ！　と思ったことは相手が先輩だろうが、お偉いさんだろうが、真っ向勝負してしまう。自分でも、「カンザンよ、少しは長いものに巻かれてみろ。少しは楽だぞ」と言って聞かせてやりたいが、分かっていてもできないのが、生まれ持っての「性分」なのだと思います。

**これはもう今から25年前くらいの話で、まだまだ「談合」が花盛りの時代のこと**。その頃は土建屋も川崎市で200社くらいあり、下水道の敷設工事が多かったので、どの会社もすごく潤っていました。

わたしは大学を卒業し、現場で駆け出しの営業をやっていました。その当時は暗黙の了解があって、川崎市からの指名があって請負工事を初めにその場所でやった会社に、以後もその場所の工事を請け負う権利が発生していました。

ある現場でわたしの会社へ行政から指名が入り、他の業者たちもわたしの会社が以後も工事を請け負うことで納得していました。

でも、そんな中、地域の業者を仕切っていた全身刺青でコワモテの道路協会の副会長が突然「ダメだ」と言い出したのです。なぜなら、そこは以後も工事が続くことが確実の、儲かる現場だったからです。

しかし、わたしは、地域的にもわたしの会社が担当するのが順当だと確信していたので、そのドンの会社に直談判をしに行きました。すると、ドンは渋い顔をして首を横に振りながら、

**「ダメだ。お前は他の好きな現場を担当させてやるから、この仕事はオレに譲れ」**

と言うのです。でも、わたしは他の人たちから承諾も得ていたので、

「いえ、この仕事はうちでお願いします！」

と言い切りました。

すると後日、わたしがドンに直談判に行ったことを聞きつけた地域の会長や業者仲間たちがわたしのところに来て、

「お前は逆らうな。諦めて今回の件は降りろ」

と、口々に説得にかかってきました。

「次にきた仕事はお前にやるから、逆らうな」と、毎日夜中の12時くらいまで、説得され

続けました。

ここで「**長いものに巻かれない」わたしの性分が全面に出てしまいます**。「なぜみんな、あのドンの顔色ばかり伺うのか？」と。工事の現場の土地は、ずっとわたしの会社が担当してきたので、ドンに利はなく、どう考えても横取りとしか思えませんでした。そう思うと怒りがフツフツと沸いてきて、指名から入札までの1週間は興奮して食べ物も喉に通らず、眠れない日が続きました。

当時は、入札の前日に落札者を決める談合の場があり、関係者が集まりました。そこで、わたし以外は皆、副会長側へついてしまい、談合ではドンに決まってしまいました。その請負工事は1億3000万円くらいの仕事で、大体その金額で入れれば落札できるようになっていました。

でも実際は、それから25％を切ったところが最低の落札額になります。そして、それを下回ってしまうと落札できません。

**入札のときも、わたしはほかの会社から入札妨害をされていました**。ドンの業者は「うちは1億3000万円と書くからあなたのところは1億6000万円と書いて」などと、談合しながら札を配っていました。

わたしは入札に行かせないように皆から囲まれていました。そこで、入札時間ギリギリのところで、「そんなことをするなら訴えてやる!」と威勢よく啖呵を切った。

すると、一瞬、わたしをふさいでいた囲みがパッと緩み、わたしはその隙に入札箱まで駆け寄って札をサッと投げ入れました。間一髪、応札に間にあったのです。それで応札したらうちの札が一番安かったので、結局、落札することができました。結果的に予定額より25%安い額で、ギリギリでした。

皆から妨害されても、わたしは最後の最後の勝負で勝てると思っていました。面白いのは、そのあとです。ドンを退けてわたしが入札したことで、**それまではドンについていたまわりの者の態度が手のひらを返したようにコロッと変わったのです**。

「若いのに、良くやった!」

「おれも、口には出さなかったけど、ずっとおかしいと思ってたんだよ」

とか、わたしのことをまるでヒーローのように褒め称えはじめました。

その日を境にまわりのわたしを見る目が変わってきました。当時まだ40歳前後でしたがそれ以後、地域の建築業の会長、川崎全体の理事、多摩区の警察の不法就労の会長やボウタイ（暴力団対策）の副会長など、いろんな役職や頼みごとがくるようになりました。

**「勝負すべきときに勝負をして結果を出す」というのは、自分の人生において大事なことだと思っています**。

人間は、最後の一歩のところで周囲からの圧力に屈して折れてしまうことが多い。

政治の世界でも、**こいつ最後の一歩で負けちゃったなとか、そういう土俵際での行動が人生を左右することってあると思います**。

その話で思い出すのは、2000年にあった「自民党・加藤紘一の乱」といわれた一件。

当時の森内閣打倒を目指して、YKKと言われた盟友の山崎拓と加藤紘一が起こした倒閣運動です。

野党の不信任決議案可決のため、山崎氏と一緒に動くことを決めましたが、最後の最後で自民党破門を恐れた加藤親衛隊の議員に説得されて加藤氏が動けず、結局は議決を棄権するという中途半端な反乱で終了しました。

一時期は将来の総理大臣とまで言われた加藤氏ですが、このあとは鳴かず飛ばずで、政治家を引退しました。

**やっぱり土俵に上がった以上は、途中で逃げちゃダメ**。もちろん持って生まれた人間性もあるだろうけど、やっぱり、ぎりぎりの土壇場では腹をくくれないとね。

わたし自身もそうです。戦いの土俵にあがったときは、最後まできちっとやり遂げたい、という思いでこれまで生きてきました。**途中で投げ出しちゃいけない、逃げないこと**。**やっぱり何もしないのが一番悪い。何もしないなら失敗しないかもしれないけど、それが一番の失敗なわけです**。人生、頑張ってもどうしようもないこともある。それはそれでしょうがない。中途半端なことをするのが一番ダメなんです。

カンザンの独り言

**戦わずして逃げると、一生、後悔する**
**土俵の外の傍観者より、土俵に上がって戦う人間であれ！**

決断の掟

# 2

# 税務署員との戦い！自分に落ち度がなければ何も怖くない

今からかれこれ15年以上前の話。あるとき、**税務員が6人くらい会社にやってきて、マルサの査察に近いレベルで突然、調査をはじめたことがありました。**

本社、支店すべての業務をストップさせて、社員全員のデスクの中身や、書類関係を洗いざらい調べて、片っ端からコピーしていきました。

もちろん、**わたしのいる社長室にも入ってきて、わたしに無断でデスクの上にあった手帳を勝手にコピー機でコピーしていきました。**

わたしは税務署員に、

「何勝手にコピーとってるの？　これは毎日、自分の体重、体脂肪を計ってメモしているだけだよ」

と、言っても信じてくれず、これまた無断で会社のコピー機ですべてコピーしていった。

税務員の調査は1週間以上続いて、結局、コピーを500枚以上もとっていった。何の断りもなく、会社の備品を勝手に使うことに腹が立ってきて、

「なんで、こんなコピーとったの？　誰かに断ったの？」

「いや、断ってません」

と、悪びれずに言うものだから、こっちもつい、

「人の会社のものを勝手に黙って使ってさ、これって窃盗じゃないの？」

と。

「1枚1万円で請求するよ。500枚だから500万円だよ」

とも、言ってやった。

すると、「1枚10円なら実費は払います」と。

「いや、こっちは請求書おこすから」

ここまで言ったら、税務員は黙っちゃったけどね。


そもそも、この査察まがいの一件は、同業者か、社内から税務署にチクリがはいったためだと思います。

でも、こっちはどこをガサ入れされても平気でした。**わたしの会社は、長いことうちの女房と娘たちがきちんと経理をしていたから、不正は一切していません**。どの書類を見てもらっても、きちんと損金処理しているし、税務上問題ないものを作っている。つまり、税務上は落ち度がないわけ。

結局、税務署相手に強い態度でいられるのは、売上をごまかしたり、水増しをしたり、そういう不正は一切していないから。

もちろん、解釈の違いや見解の相違はあるかもしれないけれど、**過去にさかのぼっても不正はしていない。だから税務署員相手でも強く出られるわけです。**

もしこれが、心の中にやましいことがあれば「あれが見つかったらヤバイな」という引け目があるから、とても強気な態度にはでられないけどね。

税金に関してはずっと、儲かったらきちんと払わなきゃいけない、と考えていました。

脱税、節税に血眼になることもなかったし。**きちんと税金を払うのはいいこと、払う以上に儲ければいい、と思っていました。**

もちろん、脱税など不正は一切、ありませんでした。

最終的には、「これとこれを認めてくれたら、引き下がります」と言ってきた。普通なら、ちょっとしたことなら「仕方ないか」と払うけれど、**その時は、一切、聞き入れませんでした。一歩も引かず、税務署ととことん戦ったのです。**

後日、税務署に行って、

「一切不正のない会社に長い間居座って、勝手にコピーも何百枚も取って。訴えてやるから、うちに来た税務署員の名簿をコピーさせろ！」

と言ったら、

「コピーはできません」

との返事。

「人の会社では勝手にするくせにコピーできないなら、うちの会社に来た奴らの名前を教えろ。職員名簿を見せろ」

と、その職員たちの役職と名前を自分の手帳に書き写しました。そして、

「あなたたちを窃盗で訴えるよ！」

と、言い放って帰ってきました。

じつは、内心では訴える気はなかったけれど、こうでも言ってやらなきゃ、腹の虫が収まらなかったのです。


さて、この一連の顛末がどうなったのかと言うと、夏になり、税務署員の人事異動によって、担当者がガラッと変わり、この話はこれでストップしてしまった。

じつは処理は終わってないいんです。書類上は途中で終わっている状態。なんとも尻切れ

トンボのような結末になってしまったけれど、自分としては落ち度がない分、一歩も引かずに戦えて良かったと思っています。

このように、会社を経営していると、思いもよらないときに権力が組織的に介入してくることがある。

普段から「ながいものには巻かれろ」的な生き方をしていると、つい、屈してしまいがち。でも、本当におかしいことには、「おかしいものは、おかしい」と最後まで突っぱねなきゃダメってことです。

カンザンの独り言

**負ける勝負をしないためには日頃から潔白でいること。これ以上の強みなし**

決断の掟

# 3

# 広島カープの黒田選手と安藤社長、義理堅い生き方に学ぶこと

巨額の借金を背負ったからというわけではないけれど、わたしには、

**「人から借りたモノは、きちんと返したい」**

という強い気持ちがあります。

**お金だけじゃなくて、人から受けた「恩」もそう**。もちろん、すべて返せるものではないけれど、いろんな人に助けられたり、迷惑をかけながら生きているのが人間です。


義理堅い生き方で思い出すのは、**広島カープの黒田博樹選手**です。昨シーズンまで大リーグのニューヨーク・ヤンキースで活躍。再契約を熱望され、サンディエゴ・パドレスからは約21億円ものオファーがあったとされる中、推定年俸4億円で古巣・広島へ復帰しました。


巨額のオファーを蹴って日本の野球界に戻ってきた理由は、

**「まだ現役で投げられるうちに、お世話になった広島カープを優勝に導きたい」**

**黒田投手のそんな「男気」は、最高にかっこいいと思います**。


お金は確かに大事だけれど、それ以上に「恩義」を大事にする生き方って素晴らしいよね。何かを成し遂げた人というのは、金だけでは動かないブレない指針がある。それはきっと、人生の宝物なんだと思います。

わたしの身近にも、**15年以上、ずっと盆暮れになるとわたしの会社に顔を出してくれる光南建設の安藤社長がいます**。

わたしと20年以上の付き合いがある安藤社長とは、儲かる多棟現場をいくつか紹介してもらうなど、お互いにメチャメチャ儲けてきた間柄でした。

あるとき、安藤社長から引き受けた現場で、3億円で仕入れた土地が2億円くらいの利益を出したことがありました。

そんな場合、安藤社長に支払う手数料は売り買いで6パーセント、1800万円くらいになります。

安藤社長には日頃からお世話になっていたので、わたしは手数料以外にもなんとかプラスして支払おうと思っていました。でも、宅建法ではこれは違反です。通常、売主と買主の間のやり取りは、手数料以外は違法なのです。

そこで、そのときは業務委託契約書を作りました。実際に、土地の調査などの業務もしてもらい、お世話になったお礼も含め業務委託金として3000万円ほど支払うように準備していたのです。

当時、安藤社長の会社の経営は思わしくなかったようでした。

わたしはそのとき、安藤社長には、

「いつも世話になっているから返さなくてもいいよ。儲かったときでいいから、仕事で返してね」

と言って、業務委託を結んでお金を渡しました。

わたしはそのとき言った通り、**お金を返してもらう気などなく、「いい物件があればもってきてね」と、そういうつもりでした。**

でも、当の安藤社長は真面目だからわたしの「返して」の部分が頭に残っていたらしい。

わたしは、その話はとっくに終わったものだと思っていたら、安藤社長の会社では、うちが業務委託契約で渡したお金を、借りたということで会計の処理を計上してしまった。

本来、業務委託契約のお金は収入として処理し、税金を払わなくちゃいけません。わたしの会社は、そのときは会社の費用として落としていました。

しかし、このお金を貸したことにすると、将来的に返金されるから、費用として落とすことができません。そのぶん利益が増えて、税金もかかることになります。

しかし、安藤社長は、借り入れで処理したので、そのぶんに税金はかかっていません。

たぶん、その当時は安藤社長の会社の経営が厳しかったので、業務委託金で処理したときの税金がしんどかったのかもしれません。

その上、安藤社長は「借りたお金は返さなくちゃいけない」と思い込んでいました。それがそもそも、ボタンのかけ違いでした。

これは安藤社長に確認したわけではありませんが、先に安藤社長の会社に税務調査が入ったために、渡したお金が貸付扱いになっていることが分かったのです。

その後、わたしの会社にも税務署から調査が入ったため、安藤社長の会社は修正申告したはずです。

このことで、ますます安藤社長の会社の経営は苦しくなってしまったのではないでしょうか。

そんなことがあったのは、もうかれこれ今から15年以上前の話です。わたしより10歳以上年上の安藤社長は、今ではもう75歳を過ぎています。

そんな安藤社長は、盆暮れの年2回、必ずわたしのところに2万円の商品券と菓子折りをもって会いにきてくれます。

**「カンザンさんには本当にお世話になったから。自分が働いている間は、ずっと来るから」**

と、言ってくれています。

「借りた恩は返したい」

と言い続ける安藤社長に、わたしは会社に来るたび、

「もう来なくていいよ。気持ちは充分、もらっているから」

と言うのですが、めちゃめちゃ義理堅い人だから、今年のお盆もいつものように、

「社長、元気？」

と、会いに来てくれました。

わたしも安藤社長には「もう、来なくていいから」と言いながら、会いにきてくれると時間も忘れて話し込んでしまいます。

**この本が出版されたら、一番に本を持って安藤社長に会いに行くつもりです。いいときも悪いときも共有してきた、いわば戦友。そんな存在でもあります。**

「カンザンさんのおかげで今がある。恩を返したい」

と、いつも言ってくれる安藤社長の少し丸くなった背中を見送るとき、わたしも自然といつも「ありがとう」と感謝の言葉が出ます。

15年間欠かさずに、盆暮れに挨拶にきてくれる安藤社長の義理堅い生き方は、できそうでなかなかできないこと。

世話になった相手に恩を返す。言葉では簡単にいえても、行動にするのは難しいことです。**そんな安藤社長の生き様には、人生の先輩として敬意と感謝の気持ちを感じています。**

**カンザンの独り言**

**人は人に支えられて生きている**
**だから「恩」は忘れちゃいけない大切なこと**

決断の掟

# 4 狡っ辛い裏切り者に見る現代版「ハーメルンの笛吹男」

安藤社長とのいい話のあとになんだけど、わたしにはどうしても許せない人間がいる。この発端も、かれこれ20年近く前にさかのぼります。

わたしの叔父は、役所を定年になったあと、不動産業を始めたいとわたしのところに相談にきました。聞いてみると、叔父の奥さんの弟にあたるS社長が宅建(宅地建物取引士)の資格を取ったので、それをきっかけに自分も一緒に不動産業をしたいというのです。

その当時、わたしの会社は絶好調でした。**わたしも共同出資しつつ、創立メンバーとして自分は専務取締役、叔父は常務取締役となり、S社長と一緒に不動産会社をスタート**することになりました。

S社長は元々資産家で、お金に不自由していたわけではありませんでしたが、当時わたしの会社が儲かっていたのを知っていて、わたしの叔父と一緒に不動産業の会社設立を頼みに来たのでした。

わたしは土地の仕入れから、現場の手配、販売のすべてを仕切り、S社長は銀行から資金を調達し、それこそS社長はハンコだけ押してくれればいいよ、という状態でした。

会社を設立してからS社長の会社は毎年利益が出て、ずっと黒字でした。

そんな好調な状況が7、8年続いたある日、S社長は、わたしのところに来て、

**「これからは常務と、せきやまの会社の元社員を引っ張ってきて自分で会社をやることにした。だからカンザン社長はいらない」**

と、言い出した。

そんな話は聞いていなかった叔父は怒って、

「カンザンを切るなら自分もやめる」

と。まあ、それは当然の流れだよね。

S社長にとってみれば、わたしの叔父の大反対は誤算で、叔父がいなくなるのは困る。

結局、二人で一緒に頭を下げに来た。悪かった、水に流してくれ、と。

わたしも、それでS社長を許して、再度、一緒にやることにした。その後も経営はすご

くうまくいっていた。赤字も一回もありませんでした。

そんな中、今度はわたしが自分の会社を株式公開するため、ほかの会社の役員や所有株も引き上げ、S社長の会社からも手を引くことになった。結局S社長は、賃貸業務だけをやることになりました。

しかし、わたしが抜けてからというもの、5年くらいずっとS社長の会社が赤字になってしまった。

頭を抱えたS社長は、とうとう会社をたたむ、と言い出した。

当時、わたしも株式上場を失敗し、リーマンショックもあって弱っていたのですが、お互い苦しいもの同士、力を合わせて頑張ろうじゃないかと、わたしからS社長に「**もう一度、WIN WINの関係で一緒にやろう**」と呼びかけたのです。

大儲けはできないけど、サインだけして銀行からお金を借りてくれれば、土地の仕入れから、建物の建築、販売まですべてこっちでやるから、と話しました。

もし損が出たら、自分の会社の利益から払うから心配しないでいいよ、とまで話しました。

悪い話ではないと思います。すぐにS社長は「お願いします」となった。ちょうど、わ

たしの会社をやめたOという男がいたので、そいつを呼んで、

「将来は役員にもするし、株も渡すから」

という条件でS社長の会社で働いてもらうことになったのです。

そんな流れで再度、一緒に手を組むことになったS社長ですが、普段は、

「**カンザンさんのおかげで、うちの会社が立ち直った**」

とわたしには言うのに、忘年会などで酔っ払うと、

「**うちがカンザンの会社を助けてやった**」

と言うのです。それでよく、

「そういうことは言うなよ」

と、S社長とは喧嘩になることがありました。

わたしのほうは、S社長から頼まれて入ったロータリークラブで講演を頼まれると、

「**S社長のおかげで今があります**」

と、いつも感謝の言葉を述べていました。なので、余計にS社長の言葉には解せないものがありました。

別にそれで尾を引くことはありませんでしたが、お互い「しこり」として残ったのは事

実です。

S社長には引きこもりの2人の息子がいました。わたしは「息子をなんとか一人前にしてほしい」とS社長から頼まれ、息子の専務を色々と旅行やゴルフに連れて行ったり、人付き合いのイロハを教えたつもりでした。

でも、**わたしが引き入れたOが勘違いし始めたので、次第に息子もわたしに対してぞんざいな態度をとるようになりました**。

もともとこのOは、20代からうちの会社にいた人間でした。片親で苦労していたから、女房から「面倒みてあげたら?」などと言われ、わたしもいろいろ目をかけていた存在でした。

あるとき、わたしがどうにもこうにもカチンときたことがありました。

S社長との忘年会に向かう途中で、S社長の会社で待ち合わせてそのまま皆で宴会場に行こうと約束したときのこと。

約束の時間より1分くらい遅れただけなのに、S社長の息子である専務、Oの姿はありません。慌てて専務の携帯に電話をしたら、いきなり、

「**それが何か？**」

と、いけしゃあしゃあと言ってきた。

なぜ、こんな小学生レベルのことをするのか⁉　呆れるとともに、みんななんだか変わっちゃったなと、心底怒りを覚えました。

S社長の会社には、儲かる仕組みを全部お膳立てしたつもりです。なのに、**うまく行き出したら、手のひらを返してきたのです**。

再スタートしたとき、会社が軌道に乗るまではお互い無給になるけれど、「利益が出たら一緒に給料を取ろう」と話していました。

それなのに、わたしには黙ってS社長は給料を独り占めしていたのです。わたしは別にお金が欲しかったのではなく、そういった根性に我慢がなりませんでした。

皆さんは、「**ハーメルンの笛吹き男**」の話、知っていますか？

ある男が、ネズミがはびこるハーメルンの町に現れた。男は町長にネズミ退治を約束し金貨の報酬を条件とした。男は笛を吹き鳴らして、すべてのネズミを町外れまで誘導し、町からネズミは一匹も居なくなった。人々は喜んだが、「まだ一匹残っている」と難癖をつけて男に報酬の金貨を支払わなかった。怒った男は再び笛を吹き、今度は町中の子どもたちを山中に連れ去ってしまった。

……**S社長のやっていることは、まさにこの町長と同じ**だと思います。

会社というのは、軌道に乗せるまでが大変。それをすべてやったのに、利益が出始めたら、邪魔者のような態度をとる。人としてどうなの？　と思います。

その後、わたしから内容証明を送りましたがノーリアクション。本当にがっかりです。

この話は書こうかどうか正直、悩みました。でも、**経営者の皆さん、または経営者予備軍の読者の皆さんに、現代版「ハーメルンの笛吹の男」の話を、教訓として伝えたい**と思ったのです。

こういう話は、じつはよくあるかもしれません。人は自分の利得のために動きます。それはわたしも承知しています。

人が自分の得するほうを選ぶのは、いわば生き抜くための本能です。それは百も承知です。でも、最低限の人としてのルールはあります。そこをうまく折り合いをつけるのが、社長として経営者としての責務ではないでしょうか？

また、Oに関しては、「無作為の作為」というのか、何も動かず見過ごしてきた悪意、というのがあるように思っています。

駆け出しの時代から経営者クラスになると、数十倍、いえ数百倍も付き合っていくべき人間関係の幅が広がっていきます。

そのとき迷うのが、今後もずっと付き合っていくべき人間の見極め方です。**自分を取り巻いている人間関係は、今の自分のステージに合った人たちが引き寄せられてきているの**です。

**同じステージ同士だからこそ、めぐり逢い、一緒に仕事をするご縁が生まれた**のだと思います。

わたしの場合も、会社が全盛期の頃は、毎日が初対面の人たちとの出逢いの連続でした。

そんな中、仕事を通じて知り合った同じ業界の人たちとは、公私も交えたお付き合いになることがあります。そんなとき、今後も付き合っていくべき相手なのかどうか、わたしなりの見極め基準があります。

それは「**ケチな奴、せこい奴、ずるい奴とは付き合わない**」ということ。それはS社長との関わりで、嫌というほど学びました。

いざ一歩踏み込んでお付き合いしていくと、意外とステータスのある人たちの中にも「ケチで、せこくて、ズルイ人」がいるものです。

以前、こんなことが実際にありました。月給５００万円以上もらっているような天下の大社長と一緒に海外旅行へ行ったときのこと。現地で通訳をお願いしたのですが、その通訳料を、わたしに何も相談なく、さりげなくわたしにツケてきたことがあったのです。

金額的には大したものじゃないです。でも、そういうところでケチってくる精神がすごく嫌だな、とそのとき思いましたね。

わたしからすると**大社長がケチッたり、せこいことをするのは正直「かっこ悪いな」と思うのです**。

格差社会はある意味、仕方ありません。でも金持ちなら、金は出すべきときに出さなきゃダメ。よく「運も金も天下のまわりもの」って言うでしょう？　やはり還元する意識は金持ちこそ、ないとね。

**ある意味、お金を出せるのは有り難いこと。自分が周囲に対してお金を出せる立場であることは、言い換えればステータスでもあるわけです**。

アメリカでは、ひとかどに成功してお金持ちになった人たちほど、どこかに寄付したり、ボランティア活動をしたりして、**自分で得た財産を世のため人のために使い、それが自分が成功した証にもなっています**。

その点、日本の金持ちは、財産を自分の子どもに残そうとする人が多いような気がする。節約精神は大事ですが、金持ちのケチは本当にイヤなものです。

このように、多くの人たちの中でどのような人たちと付き合っていくのかは、「これだけは嫌だ」という、その人の本質の部分を基準に判断すればいいと思います。

わたしは心の中でその線引きをしっかり持っています。その人と人間性が合わなければ、自分から去る勇気をもつ。嫌な人とは付き合わない。そのほうが楽だし、トラブルも未然に防ぐことができます。

**武道でも相手との「間合い」が一番大事。攻撃もできるし、手を引くこともできる**。やはり人間関係は「つかず離れず」が一番いいのかな、と思います。何かあればサッと手を差し伸べて助けてあげられるくらいの距離感を保って、べったりくっついて余計なお節介をするようなことはしない。

魅力的な人は世の中にたくさんいますから、どんどん積極的に付き合い、仕事の幅は広げるべき。でもそんな付き合いの中で「これだけは絶対に譲れない」という基準だけはしっかりもっておきたい。

いろんな社長たちの裏表を見てきたからこそ、心底、思うことです。

**カンザンの独り言**

**裏切り者は、敵より悪い**
**せこくてずるい奴とは縁を切って正解だ**

決断の掟

# 5 弱みにつけ込む相手には折れるな 誠意ある相手には誠意を返そう

「相手は自分を映す鏡」という言葉がある。**これはわたしの持論だけど、人は100％善人もいなければ、100％悪人もいない**。自分がイライラして人と接すれば、それが相手や周囲にも伝染して、「売り言葉に買い言葉」で喧嘩になったりする。

また、こんなこともあります。必要以上に低姿勢でペコペコしてると、相手が必要以上に高圧的に振る舞ってくる……。

これは現場で起きた実話です。ある場所で新築の建売物件を引き渡しするのに、予定より一日遅れてしまったことがあった。

買主さんの家族には赤ちゃんがいたんだけど、引越しが遅れたストレスで母乳が出なくなった、とクレームをつけられた。

現場の監督と上司とわたしでその家に行ったら、買主の旦那さんは、

「お前らが遅れたせいで母乳が出なくなったじゃないか！　もう訴えてやる！」

と、すごい剣幕で怒りまくっていた。


確かに1日遅れたのは事実だから、その場は菓子折りを持ってきっちり謝った。でも、買主さんの怒りは収まらなくて、現場の監督が2時間ずっと正座させられたわけ。で、そのあと、その現場監督は骨折しちゃったのよ。要するに長時間ずっと正座したせいで、足が疲労骨折してしまった。それは後に分かった話なんだけどね。


とにかく、こちらはそれくらい誠意を示して謝っているのに、買主のほうは「訴えてやる！」の一点張りだったから、ついにわたしもキレて、

「**訴えるなら訴えればいいじゃないか！　笑われるのはあんたらだよ**」

と、相手に言ってやりました。そうしたら、現場監督たちが心配しちゃって、

「社長、あんなこと言って、本当に訴えられたらどうするんですか?!」

と、アタフタしているから、逆に言ってやった。

「**そもそも、お前らの対応が悪いから、そういうことになるんだよ**。悪いことは悪いときちっと謝るのは当然だよ。でも、おっぱいが出るか出ないかと、引渡しが1日遅れた因果

関係は、説明できないだろう」

ってさ。

結局、当たり前だけど相手は訴えてこなかった。だから、これから現場で仕事をする場合、あまりに何でも相手の言うこと聞いてビビってばかりいてはダメ。**是々非々で対応していかないと、つけ込んでクレームを言ってくる人もいるってことだよね。**

人っていうのは、誰にでも邪悪な心っていうのが少しは隠れていると思っています。それが魔が差すことで表に出てくることもあるわけ。いつもは悪い人じゃなくても、**たまたま虫の居所が悪かったり、やたら相手がペコペコ下手に出ると、ついイチャモンをつけたくなったりすることもある。**

たとえば、このケース以外でも、建築現場の傍で転んだときに、現場のせいにしたりする人っているわけよ。お前のせいで怪我したとかさ。道路工事している前に車を置いて、車にちょっとヒビが入ったりすれば、お前の所で道路工事をやっているから石が飛んだとか、いいがかりつけてきたりね。

そういうときは保険会社に頼んで対応はするけれど、中には人の弱みにつけ込む相手もいるんだよ。転んでも、ただじゃ起きないぞってね。その人がいつもそういうことやるってわけじゃなくても、巡り合わせの中で、訴えてやるとかトラブルになることがあるわけです。

**どんなことも、相手あってのことは100%相手が悪いってことはない。逆にこっちがすべて悪いってこともない。だから、自分の態度や対応次第で、相手の出方が変わってくるってことは覚えておいたほうがいいと思う。**

わたしなんかは、自分に非があることは潔く誠意をもって謝罪します。でも、相手が弱みにつけ込むようなことがあれば、断固として戦う。そういう姿勢は忘れてはいけないと思ってます。

カンザンの独り言

**こっちの弱みにつけ込む奴とは断固として戦う**
**人の「魔が差す」瞬間を封じ込めるにはそれが一番**

決断の掟

# 6 本気で事業再生したいなら その道のプロに頼め

せきやまでお願いした**弁護士に事業再生のプロフェッショナルである村松謙一先生という弁護士がいます**。

**テレビ番組の『プロフェッショナル』でも取り上げられた弁護士さんで、会社再建や、私的再生のプロの先生です**。

もともと、会社の顧問だったT弁護士と同じ事務所にいたことがきっかけで、せきやまの再建もお願いした。

会社の問題があれこれあって、いろいろな弁護士さんとのお付き合いが増えたけれど、戦わない弁護士もいれば、お金儲けしか考えていない弁護士もいて、本当に十人十色。

村松先生に経営改革の助言をお願いしたのは、前任のT弁護士が会社を再建することより、「早く会社を畳んで、肩の荷を下ろして楽になったほうがいい」という方針だったからだ。

わたしは、T弁護士と打ち合わせをしていて、気づいてしまったのだ。

「ああ、この弁護士はうちの会社のために動いているのではなく、自分の弁護士費用を最優先に考えているな」

と。わたしは、

**「悪いけど、先生。わたしはこれっぽちも会社をつぶそうなんて思ってないからね」**

とだけ言って、T弁護士には辞めてもらいました。

きっとこの本を読んでいる方々の中にも、会社経営でギリギリの決断をしなければいけない人もいると思います。

**わたしも上場が失敗して会社の経営がおかしくなってから半年くらいは、身体がフラフラしてまっすぐ歩けないし、耳が聞こえなくなっちゃうしで、大変でした。**

ちょうど桜の咲く季節で、近所の新川ではきれいな桜が満開だったのに、その景色を見てはポロポロ涙が止まらなくて仕方がなかった……。

それだけ精神的に追い込まれていたし、この先、どうしたらいいのか真っ暗闇に放り出された状態でした。

そのときは藁をもつかむ心境だった。今、あらためてそのときのことを振り返って、読者のみなさんに一つだけ言いたいのは、そんなときでも、**大事な決断は人任せにしちゃいけないってこと**。

いくら法律のプロの弁護士の言うことでも、すべて鵜呑みにせず、最終判断は社長である自分がするべきなのです。

**あのとき、会社をたたんだほうがいいというアドバイスに従っていたら、今の自分はないですよ**。そのときは早く解決して気持ちがスッキリしたかもしれないけど、それは自分が責任放棄しただけのこと。社員や家族に多大な迷惑をかけていたはずで、そのことを一生後悔したと思います。

T弁護士を断るのも、村松弁護士にお願いするのも最終決断するのはあくまでも自分です。だからこそ「**会社を潰さず、再建する**」**という目指すゴールをブレずに維持できた**のだと思います。

真っ暗闇の中、村松先生に足元を懐中電灯で照らしてもらいながら、必死に「再建」に向けてあの手のこの手を打ってきたから、今があります。

**村松先生はこれまで、誰もが見放すような会社を1000以上も復活させてきた、いわ**

**ば再建のプロです**。

その指示に従って、銀行から資金がストップしても会社の強みを活かすことを考え、資産を切り売りしながら借金を返し、なんとか会社と社員と家族を守ってきました。

何度も言うように、まだ残りの借金をすべて返しきったわけではありません。でも、**この7年間で、高さ10メートルの崖っぷちに立たされたような心理状態だったのが、地上50センチくらいにまで改善することができた**。それは、村松先生の生き方やアドバイスのおかげだと思っています。

カンザンの独り言

**会社の死活問題の鍵を握る、弁護士選びは慎重に**

決断の掟

# 7 大事な家を競売から守ったとっておきの最善策とは？

バンクミーティングのあと、弁護士のT先生と村松先生と一緒にY銀行の本店で再生計画書をもとに打ち合わせをしました。そのときに出たのが、自宅の問題でした。

**銀行から借りた借金の返済に私財は全部投げ出したのですが、家はまだ資産として残っていました。**

家は共用持ち分で一部女房の名義になっていたので、当初は、家には手が出せないと思っていたのです。

でもその後、**共用の持ち分も一緒に処分できる共有物分割請求という訴訟**がやりやすい状況になってきました。つまり共有物でも競売をかけやすい環境になってきたのです。当時のわたしは、共有持分には競売はかけないだろうし、かけても応札する者はいないだろう、と甘い考えをもっていました。

しかし、たとえば離婚とかの裁判で、片方が売りたくないと言って上手く分けられないような時は、不動産などの資産を一括で売ってお金を分けることができるようになったのです。そのため、当初自宅は守られていると思っていたのが、守れなくなってしまった。

当初は婚姻20年以上だと贈与しても税金がかからない配偶者控除を利用しました。居住用不動産または居住用不動産を取得するために金銭の贈与が行われた場合、基礎控除１１０万円のほかに最高２０００万円まで控除（配偶者控除）できるという特例です。

この制度を利用して一部、所得権を譲渡しておきました。

もちろん法的には何も問題はありません。譲渡から何ヶ月か経ったあと、銀行からは、最後の債権逃れじゃないか、と言われてしまいましたが……。

**当時、わたしの持ち分には4つの銀行の担保がつけられていました。その後、銀行が債権をサービサーに譲渡**したので、弁護士と一緒に一番手のサービサーから個別に折衝して、女房のお金で、わたしについた担保の持分を買い取らせることにしました。**すべての担保を抹消したのと同時に、女房がわたしから担保が外れた状態の自宅を買い取ったの**

で、**今では100%女房の名義になっています**。つまり、担保の付いていない自宅の所有権が完全に女房に移ったのです。そのようないきさつで、自宅は債権者から守られました。

ただ、個別折衝で話を進めるため、すべての担保を抹消する手続きはけっこう大変な作業となりました。

担保を外してくれないと所有権を移しても何もならないので、足元を見られる形でサービサー優位に話を進めるしかなかったのです。

それ以前にバンクミーティングで事業再生の話し合いをしたときにも、銀行から女房の資産も担保に入れろと、しつこく言われていました。当時の経理担当役員も、「社長、会社を守るために、自宅の奥さまの分も担保に入れてくださいよ」と、平気で言っていた。だから、そのとき言ってやったんだよ。「自宅は絶対に手放さないよ。担保に入れるくらいなら、会社は潰してしまう」と。

じつは最初の段階では、弁護士の村松先生からもT先生からも、「奥さんの資産も担保に入れないと、なかなか先に進まないから考えて欲しい」と言われていた。

でも、わたしはほかのものはともかく、自宅だけは守りたかった。女房の資産もすべて投げ出さなければならないなら、会社はもう潰しちゃえばいいって本気で思っていたから、首を縦には振らなかった。

当時はまだ、160億円の借金が丸々残ってた状態でしたが、最後は村松先生もわたしの固い決意を見て、

**「カンザン社長は頑なになってるから、事業再生を進めるためには、奥さんの分を担保にいれる話は無しにしましょう」**

と言ってくれたのです。

まあ、そういう経緯があって、家は守ることができたんだけど、債権者からしてみれば、おもしろくないよね。まあ、当たり前だけどね。

わたしなんか今も元気にしていて、普通に生活できているからね。

自分でいうのもなんだけど、**非常にうまくいった例なんだと思います**。すべての人がこのようにいくわけではないけれど、要所要所で諦めないでやっていけば、必要最低限の資産は守れるってこと。

人間はね、いろいろ追い詰められてくると、どんどん思考停止してしまうわけです。毎

日のようにいろんなところから「金返せ」とか言われれば、早くこの状況から逃れたくて、家や資産を投げ出し、最後には会社を潰して、すべて終わりにしたくなる。

でも、**そこで諦めないで、自分にとって一番大事なものを守ろうと必死になって考えたり、状況を変えようと行動していくうちに、必ず一筋の光というのか、突破口が見いだせるんです**。

どんな状況になっても社長として、家族の大黒柱として、途中で投げ出すことは絶対にできないと思っています。

自分がもし、交渉の場で弱気の虫が起きてしまったら？　必ずマイナスの影響が出てしまったはず。自分にはまず、「**女房子供を絶対守るんだ**」って思いがあったわけ。

もちろん、会社とか、従業員とか、お客さんを守るんだっていう思いもあったけど、それよりはやっぱり、「**家族を守る**」っていう思いのほうが強かったわけ。

要はそこのところのギリギリの判断が上手くいったので、家と家族を守り抜くことができた。そこを折れて女房の持ち分に担保入れられちゃったら、そのまま銀行のペースで色んなことが進んでしまったと思う。

立場上は「まな板の上の鯉」なんだけど、**ケツ捲るときは、きちっとケツ捲らなきゃダメ**。ちょっと品のない言葉だけどね。もちろん、しょっちゅうケツ捲っちゃダメだよ。でも、**勝てる勝負の最後の最後で、自分の覚悟を相手に見せるのは大事なこと**。

このときは、わたしには折れる余地がもうなかった。でも、相手にはまだあった。そういう状況のときは、最終的には折り合いをつけてなんとか前に進むもの。折れる余地があるのにケツを捲ると、それはひっぱたかれて終わり。だからケツの捲り方にもやり方があるってことです。

最悪の状況の中でも、これ以上最悪の状況が無いようにすること。**要するにもっと悪い状況を選択するか、最悪の中で少しでも「これならいいか」って選択をするかは、じつは後々、大きく響いてくる。そういうギリギリのところで踏ん張ることが、先に進む力になるんだよ**。

わたしが会社を潰さなかったのは、別に「社長の座」にしがみつきたかったわけではないんです。ただ、自分の血潮を注いだ、いわば自分のＤＮＡとも言うべき会社組織を、次の世代へバトンとしてつなぐことだけはしたかった。

会社を潰して解決するのは簡単。でも、それじゃあ、自分がこれまで必死に頑張って生きてきた証がなくなってしまう。そこだけにはこだわりたかったのです。

カンザンの
独り言

**月並みだけど、やっぱり最後まで諦めちゃダメ**
**諦めなければ勝機は必ず、ある!**

決断の掟

# 8 何があっても全てを任せられる後継者を育てておくこと

**会社がダメになっても回復できた要因のひとつは、やはり優秀な後継者を育てたことが大きい**。自分一人ではどうにもならないことでも、優秀な部下が何人かいれば、それだけ問題も早期に解決するからです。

部下を優秀な後継者に育てるにはどうすればいいのか？　そもそも人を育てるのは、時間がかかります。

山本五十六の有名な言葉があります。

『やってみせ、言って聞かせて、させてみせ、ほめてやらねば、人は動かじ』

頭では分かっていても、だいたいの経営者は部下に任せるより自分でやってしまうほうが早い、と部下の仕事を取り上げてしまうことがあります。

わたしもせっかちな性分が災いして、部下たちに仕事を任せはするものの、「報連相」（報告、連絡、相談）を怠った上、モタモタ仕事をされると、つい怒鳴ってしまうことがありました。

そんな反省から、**優秀な後継者に育てるには、まず信頼できる人間の見分け方が大事**だと気づきました。

今では、わたしはもう実務の細かいことには口出しせず、会社のコンセプトや、会社の方針は、安心して後継者である奥山に任せています。そして、これからは、名実ともに社長としてやってもらうつもりです。

後継者として信頼できる人間には、以下の要素が必要です。

**1　頭がいい（人間として賢い）**

**2　腹が座っている。いざというときの判断が早い**

**3　気遣いができる。上の人間を上手に立てることができる**

## 4　人の話を率直に聴く素直さがある。裏切らない

**このような条件が揃った人物には信頼がおけるし、自分のノウハウやスキルを教えていこうという気持ちになります。要するに頭がいいのです。**

奥山もまさにそうで、彼のいいところは、なんと言っても気遣いがきちんとできること。例えばわたしと奥山で弁護士のところに行ったとき、昼食代の支払いは奥山がするのですが、店から出るとき必ず「社長、ごちそうさまです」と言う。

また朝も、わたしが社長室のデスクに座って新聞を読んだりしていると、必ず来て、今進行している仕事について報告してくれるのですが、ときには話が1時間とか2時間になることがあります。

わたしは椅子に座って話しているけれど、奥山はずっと立って「はい、はい」ってちゃんと聞いているのです。

つねに上司を立てる配慮や誠実さを示すのは、できるようでいて、なかなかできないこと。

ときどきやるのではなく、いつも変わらずできることも大事です。気まぐれにやるなら誰でもできるからです。

逆に、上司としてやってはいけないのが、部下に仕事を任せたあとに、全面的に信用して、ノーチェックになること。

任せてもらった側は、最初は緊張して仕事をしていますが、そのうち気の緩みが出て、大きなミスをおかしたりします。

信頼するのはいいのですが、普段からノーチェックだと、ミスを上司に報告せずに自分でなんとか対処しようとして、事態をより悪くしたりします。要するに、自分の都合の悪いことを隠すようになる。それが一番悪い。

また、普段から気心がしれた上司と部下だと、つい部下を甘やかしがちになるのも要注意です。ミスのフォローに始まり、仕事のお膳立てや根回しをしてやったりすると、肝心の仕事の全体を把握できずに、結果的にはキャリアの割には実力が伴わなくなってきます。

これらのことを念頭に置きながらも、最終的に自分のあとを任せる人間を選ぶポイントは、「波長が合って、人として好感がもてる人物」だと思います。

ある脳科学者の本を読んだら、結局人間は「好ましいかどうか」という感情面でほとんど判断を下しているそうです。

**優秀な部下を育てたかったら、自分と馬の合う好ましい人物に、自分のノウハウを現場で実践させながら伝えていくことです。**

安心して次のバトンを渡せる人物が育っていれば、社長としての責務は8割果たしたと言っても過言ではありません。

**カンザンの独り言**

**必死に育てたわけでもなく、自分の背中を見て後継者が育ってくれたのは社長として幸せだ**

# Chapter 4

# 起業家や経営者予備軍に伝えたいとっておきの成功スキル

成功スキル

# 1 決断の内容はノートに記録しよう

この章では、これまでのわたしの経営者としての経験から、役にたったノウハウやスキルについてお話することにします。

経営者は毎日、大なり小なりの決断をしなければなりません。また、日々、いろんな来客があったり、部下から仕事に関する報告があったりします。

自分がどのような決断を、どんな思いで下していったのかは、記録にとっておいたほうが良いと思います。

**活きた経営というのは、日々、トライアンドエラーで行われるので、うまくいったことも結果が思わしくなかったことも、すべて次の戦略の糧になるからです。**

わたしも昔からずっと、経営に関することで気づいたことをノートに書いてきました。

恥ずかしいので人には見せませんが、かれこれ15冊以上あり、それは今でも続いていて、その時々の自分の心情なども走り書きしています。

この本を書くにあたって、過去のノートを色々見返してみました。すると、会社経営が上手くいっていた頃は、月ごとにどんな不動産が売れるのかがきちんと記録されていました。そのため、半年先、1年先の数字がハッキリ見えていたのが分かりました。

決算を組むと、仕入れの段階でも、売上や利益がこれぐらいになるとか、ここまでは売れてここまでは売上に計上できるとか、今年は利益が出るから、この分は来年に回そうといったことが、先を見ながら会社経営できていました。

**やはり、先を読みながら経営できていると、大きな失敗はしませんね。**大きな打撃を受ける前に、問題にどう対処するか作戦を立てたり、専門家に相談したり、人員を増やしたりして、いくらでもテコ入れできます。

わたしはノートに手書きでしたが、今はタブレットPCでも携帯のメモ機能でも、その場で気づいたことをさっとメモっておくことができます。

わたしの会社が少数精鋭でやっていた頃は、仕事のことは全部、自分が精通していました。仕入れから労務から人事から、全部自分でやっていたからこそ、会社の利益がどのくらい出るのか、ある程度予測できたのです。

それもまめに会社の現状をノートに書いて記録していたことが大きいと思います。今こうして本が書けるのも、ある意味ノートがあるおかげです。

**カンザンの独り言**

**経営で気になったことはノートに書く**
**それが日々の決断へのヒントにつながる**

成功スキル

# 2 プライベートでのお金の使い方がのちのちの仕事に響いてくる

わたしが社員にいつも言っているのは、
「**活きたお金を使いなさい**」
ってこと。

同じお金でも、その使い道によって、その後の展開が違ってくる。一生懸命仕事をしたら、いっぱい休んで、いっぱい遊びなよってことも言う。最近じゃ、「おまえら休みすぎだよ」って言ってるけど(笑)。

同じ遊びに行くのでも周りの業者とうまく関係をつくれるなら、さらにいいね。まあ、ゴルフとか行って遊んでるだけなんだけど、遊ぶと同時に業者さんと仲良くなることもできる。

**周りとうまくやってかわいがってもらえよ、ということ。**活きたお金を使うってそういうことなんです。

わたしたち不動産業は、業者さんと普段から上手にコミュニケーションをとって、情報交換したり、かわいがってもらうことが大事。

せきやまには、建物を作って売るノウハウの仕組みみたいな財産があるわけだよ。そういう財産を組織として引き継いで増やしていくには、**普段から活きたお金を使いながら、周囲と良好な関係を作っておく必要がある。**

わたしの会社の人間は、そういうことを当たり前にできるけれど、付き合いのある会社の中には当たり前にできない会社もあるわけです。


まあ、色んな生き方がありますよ。ボロ雑巾になるまで働くっていう生き方もあるし。でも、そこまで働くと、最後は一生懸命頑張ってる人の足を引っ張ることになってしまうという思いもある。

もうすでに新体制になっている今でも、会社に行けばまわりの人間が「社長、社長」って立ててくれる。それは、ありがたいこと。

でもやっぱり、それにいつまでも甘えちゃってると、自分の価値もなくなっちゃうし、会社にも迷惑かける。

だから**引き際として、これまで自分が体験したこと、実感したことをいろいろ伝えていくことも、活きたお金を使うことと同じくらい、大事なこと**だなと、今は強く思ってます。

この本を書いたのは、そんな理由もあるのです。

**カンザンの独り言**

**活きたお金を使い、活きた知恵を身に付ける**
**そんな心がけが一番大事**

成功スキル

# 3

# 友好的な人間関係と目利きがあれば自然と儲かる話は集まってくるもの

じつは今でも、わたしのところに、

「**土地があるから買ってくれ**」

といった仕入れの話がくる。

ほとんどが昔から繫がりのある人が持ってきてくれる話です。で、**不思議なくらいわたしのところに来る話は必ず儲かる**。

それは何故かといえば、人間関係がきちんと出来てるから。つまりいい加減な話は来ないわけ。

あとは、**儲かる場所の目利きがきくのも大きい**。住環境が整っている人気の場所なら、多少高くても儲かる。そんな物件を、昔から繫がりのある人が持ってきてくれて買わせてくれるわけだよ。

相場はもちろんあるけれど、

「この値段でいいかな?」

って聞くと、「カンザンさんだから仕方ないね、いいよ」となる。

そんなやりとりのできる間柄だから成立することかもしれないね。


わたしはいつも「**自分のテリトリー外の遠くの土地や物件は買うな**」と社員に言っている。そして、ちょっと高めでも、人気のある土地を買わなければいけない。

土地っていうのは相場よりも安いから買うわけじゃない。タダでもいらない土地もある。

**勢いのある土地は、相場より高くても買わないといけない**。

過疎化になるようなところは、例えば今坪単価10万円でも、何年か経つと5万円以下になってしまうこともある。

そういう目利きがないと、単純に安いものに飛びついてしまう。それではダメなんです。

ベクトルが下向いてるような土地は、安くても買ってはいけません。安くてお得なように思えても、結果的には損するだけ。

ただ人気のある土地を買いなさい、と言っても、そういう場所は競争も激しくなる。だからこそ、業者や地域の人との普段からの人間関係が大事なのです。

あとは、**経験からくる勘も大事。例えばわたしなら、造成現場とか山とかの現地に行ってさらに実測図を見れば、その土地の価値がわかってしまう**。

図面で土地の高さや日の当たり具合などから、何棟現場が出来るかなど建物の仕上がりのイメージも頭の中にしっかり見えるわけ。

建物周りの道路が5メートル幅で十分なのか、6メートル幅ないといけないのか、工事費はどれくらいかかるかまで計算できるのです。

つまり、**いくらまでなら仕入れても良いのか概略がつかめる**。

また、良い会社にはその会社の「宝」となるようなスタッフが必ずいます。

良い経営者は素晴らしいスタッフを抱えたり、育てながら会社をより良くしていくものです。もちろん少数精鋭が理想。一山いくらの社員は排除すべきです。

まあ、そんな感じでやってきたから、仕事には自信があるわけよ。それは今も同じ。

**経験から基づく目利きや勘があるから、会社を大きくすることもできた**し、ここまでやってこれたと思う。

これまでの実績には自信をもっているから、多分、自分は本当の意味でのハッピーリタイアが出来るんじゃないのかな。

カンザンの独り言

## 仕事の勘は、付け焼刃では身につかない
## 自分独自の強みがハッピーリタイアの条件

成功スキル

# 4

## 性悪説のもと、必ずチェックは必要
## 社員の素質や適性を見抜いて動かすこと

**『性悪説』を唱えた中国の荀子は、「人間は環境や欲望によって悪に走りやすい傾向がある」と説いています**。

要するに、人は信頼しなければいけないけれど、それは１００％任せることとは違う。仕事のチェックは必ずしないと、

「お前に任せた」

と、全面的に信用してしまったら、いざ失敗したときに部下を怒っても、全て任せっきりにしてしまった上司にも責任はある。

人は失敗するし、ときには騙したり、ズルをするもの。人は信用してもいいけれど、すべて任せきってしまうのは、相手のためにも良くない。

**経営者ならば、社員たちに、「おまえのことはいつも見ているよ」と仕事の経過をチェッ**

**クしなきゃダメなのです**。

ただ、人を公平に評価するのは難しい。人には感情もあれば好みもあるから、多かれ少なかれ人を「色めがね」で見てしまうものだからね。

日本はまだまだ平和ボケしています。自分が手を出さなければ、何も危害を加えられないと思っているけれど、じつは違う。

自分は不正してなくても、やる奴はやる。言い換えれば、自分に隙があったり、強さがないと、やられてしまいます。

また、経営者として人を動かすときに、もう一つ大切なことがあります。**社員に良くないことがあれば、きちんと怒る。でも必ずあとで飯を一緒に食べたりして、フォローすること。厳しいだけでは人は離れていきます**。

経営者や上司は怖い人、口喧しい人でいいと思う。でも、日本独特の「アウンの呼吸」とか「以心伝心」に頼ってはダメ。**きちんと叱って、きちんと褒めること**。

ここでは、社員についてお話ししましょう。わたしが関係した会社では、多くの人たちが働いてくれましたが、とくに印象に残った社員が何人かいます。

親父の土建業の会社で働いていた時代からの付き合いになる、6歳年上の高見栄さんという女性社員がいました。その女性社員は、その当時、2人の子どもがまだ小さいながらも一生懸命仕事をしてくれた上、すごく頭のキレる人でした。

**例えば3のこと言えば5とか7の仕事をしてくれる、また、こういう風にやっといてくれって言うと、自分でそれ以上のことを工夫してやっておいてくれる、非常に優秀な部下**でした。

彼女は曲がったことが大嫌いな正義の味方みたいなところがあって、まるで月光仮面みたいな人でした。

だから、取締役や社員にだらしない人がいると許せない気持ちになって、ついキャンキャン言ってしまう。言ってることは正しいだけに、しょっちゅう、色んな人と摩擦を起こすわけだよ。

外部の人には「いちいち、うるさい人」と評判は悪かったけど、わたしからみるとすごく優秀でいい人でした。

その結果、仕事はきちっとやるかわりに、わたしの言ったことしか聞かない感じだった。

でも、そうやってずっと何十年も会社で一生懸命働いてくれていた。

会社にとって優秀な人材というのは、いわゆる人間的に「いい人」がいいわけじゃない。

**個性が強くて他の人とぶつかってしまうようなタイプの社員でも、会社に貢献できるスキルや実績を残す人が、「会社にとっていい人」なわけ。**

いろんな人材がいる中、**経営者はその社員の能力を上手に引き出して働いてもらうのが、要は一番大事**なんです。

まさに高見さんも、会社にとっては実績を残す優秀な存在でした。結果的には、わたしの自分勝手な都合で、他の会社に移ってもらうことになってしまったことを申し訳なく思っています。


その頃はわたしもおかしかったんだね。会社を統合するために、会社を閉めたり、いろんな社員を別会社に行かせたり、勝手にいろんな事をやって社員の人生を振り回してしまいました。

その頃は、自分の思いを達成しようって事が最優先だったから、優秀な社員だった高見さんのことも、退職金さえ支払えばとか、次の職場を紹介すればいいじゃないかとか割り切って、いろんな事を進めてしまったわけです。

わたしのいとこも社員で居たんだけど、そいつには会社を一つ任せようと思って

「お前にこの会社全部あげるから、社長になって頑張ってみろ」

と、運転資金の６００万円だか７００万円と、ダンプカーや重機をすべて用意して経営をやらせようとしたことがあった。

ただ、そのいとこは頭はいいんだけど、器がないからうまくできなかった。

結局は、社長を降りてライバル会社に行ってしまった。だからもう、それっきりわたしの会社には顔出しできないし、わたしとも会えない状況になってしまった。

やっぱり経営する器量がない奴に、組織を任せてもダメなんだよね。わたしもまだ若かったから、人を上手に使うとか、人を見る目もなかったってこと。

最初に話した女子社員の例もあるように、**社長とか上に立つ人間としては、部下の素質とか適性とかはきちんと見抜いて適材適所で能力をフルに発揮してもらえるようにお膳立てをしなくちゃいけない**。

ただ、部下たちは皆、社長の前では自分のいい面しか見せないから、どうしても本当の器量を見抜けないところがあります。

先の女子社員のように仕事でぶつかって本気で喧嘩をしながらも、ずっと続いてきた関係もあるから、相手のいい面を見て、上手に使ってあげれば人は動いてくれる。だから上に立つ人間は、相手の気性とか長所短所を飲み込んで、気持ちよく仕事してもらうようにしなければならない。人を上手に使うのが大事だよね。

あとは、まずいところはまずいと、きちんと叱ってやること。**自分の生き様や、やり方みたいなものをきちっと見せること。こんな事をしたら社長に怒られるというようなことも、部下には教えてやらないといけません。**

これがなかなかできそうで、できない。部下には「これは違う」と思ったことをきちんと伝えて、ときには人と闘う姿も見せること。そうやって上司と部下との関係を作っていく努力は、上に立つ人間には欠かせないことなのです。

カンザンの
独り言

# 相手の素質を見抜いて、気持ちよく働いてもらう
# 社長の生き様を見せるのも大事

成功スキル

# 5

## コンサルタントに頼るのは結局、失敗に終わることが多い

自分が若い頃は、経営の勉強もかねていろんな本も読んだし、有名なコンサルタントが開くセミナーや講演を聞きにいきました。

話を聞く分には、まあいい話もするんだけど、結局、コンサルの人たちは経験に基づいた話をしているわけじゃない。

それが話の中身に見えてしまうと、わたしなんかは、

「**頭でっかちな話で中身がないな**」

と思ってしまう。

たぶん、経営コンサルタントの人たちが自分で会社を作っても、うまくいくわけがないと思います。

そんな成功話、聞いたこと無いよね。やはり、コンサル業としていうのと、活きた経営

は別物です。
うちの会社もコンサルを使って社員教育とかもしたんだよ。でもコンサルの中には付け焼き刃みたいな話ばかりして、勉強していない人もいるわけ。いきなり会社に来ても業務の細かいことなんて分からない。だから結局、社員のモチベーションを上げるとか、そのくらいしか出来ない。

**馬は水辺まで連れて行くことは出来るけど、無理に水を飲ませることは出来ないのと同じで、結局すぐ忘れちゃう。**

やっぱり、自分の体験から出た言葉じゃ無いから、どこか説得力が無い。だから良いことでも悪いことでも経験するっていうのは、凄いことなんだよ。あくまで自分の経験を血肉にしなくちゃいけない。わたしの会社でもやってしまったけど、他人任せみたいな感じで社員教育するのではなく、社長とか自分で体験した人が話をしなきゃダメなんです。

**カンザンの独り言**

**耳障りのいいアドバイスより、実体験で生まれた智恵を現場に伝えよ**

# Chapter 5

# 社長の終活
# イカれかっこよく
# 生きるための人生哲学

人生哲学

# 1 いつも上機嫌でいること明るさは人と運を呼ぶ

この章では、いまのわたしの心境とこれからの人生について考えていることをお話しします。

**わたしのモットーは「いつも上機嫌でいる」こと**。上機嫌でいれば、それが周囲の人に伝わって雰囲気は良くなる。逆に不機嫌でいると、雰囲気は悪くなる。

**わたしは時間がある時、山梨県大月市にある「花咲カントリークラブ」によく行くんだけど、そのゴルフ場は大塚支配人を始め従業員の対応が素晴らしいわけ**。

お客さんの中には一人で来る人もいて、中には気難しい人もいる。すると支配人が、わたしのところにニコニコ顔で来て、

「よかったら、一緒に回ってくれませんか？」

と、頼みにくる。

私と一緒に回った人は、みんな上機嫌になって帰っていく。だからいつも支配人から、

「**カンザンさんの明るさが伝染しましたね。さすがですね**」

と、褒められる。

そうすると、友だちも増えるし、必然的に人も集まってくる。プラスのスパイラルが起きるのです。

**花咲カントリークラブの食堂も、働いているスタッフがみんな感じが良くて、フレンドリーですごく癒される**。

それはひとえに支配人がいつも上機嫌で朗らかだから。そして、お客を上手に持ち上げていい気分にさせる気遣いがプロとしてできている。もちろん社員教育も素晴らしいんだろうけれど、**上に立つ人の人柄や器の影響も大きい**と思います。支配人には、わたし自身もいろいろ学ばせてもらっています。


仕事上では、いつも上機嫌ってわけにはいかないけれど、それでも仕事場では昔から上機嫌だったと思います。

この本を読んでいる人の中には、上機嫌は難しいと思う人もいるかもしれないね。年齢

やポジションが上がっていくと、なかなか「朗らかに上機嫌」って難しく思う人も多い。だから、最初は上っ面でもいい。上っ面でも上機嫌に振舞っていると、本当に機嫌は上がっていく。

一番良くないのが、ブスッとしたり、構えたりすること。カッコつけてもしょうがない。

**「あいつ、バカだな」と、思われているくらいでちょうどいいんです。**

相手も楽だよね、構えなくていいから。相手が構えると、自分も構えなくちゃいけないから、お互いが疲れてしまい、いいことありません。

逆に変なプライドとか、カッコつけばかりだと、周囲は嫌になってしまう。だから「バカだな」と思われるのは、ある意味、ありがたいこと。人が寄りつかない雰囲気になると、寂しい老人になっちゃうしね。

**良い運は、結局は人が運んでくれるもの。だから、人が寄りつくように上機嫌でいることは、仕事をリタイアした後の人生には大切なことだと思うのです。**

カンザンの
独り言

まずは上っ面だけでも上機嫌に
人が寄り付かないと寂しい人生になる

人生哲学

# 2 「ゆるゆると自分らしく生きる」のが理想 しがみつかないことも大事

今のわたしは、昔と比べてパワーが衰えてきちゃっていると思う。50代の頃は全然元気だった。そういうのって自分の中ではカッコ悪いと思っちゃうよ。ゆるゆるでいいといいながら、ゆるゆるでいいのかよって思うこともある。**必ず相反する心ってある。冗談だよっていいながら3割の真実がある。3割は本心なんだ。**

最近、人に何かをしてって言われなくなっちゃったんだよね。それが悲しいというか。ずっと上にいたから、そういう気持ちがあるんですね。お願いはされるけど、これをやってくれとか言われなくなった。

女房に何かを頼まれることもない。家の掃除は風呂掃除くらい。やれとは言われないけど、風呂をでるときにキレイにするくらいはしている。サラリーマンもしたことないからさ、普通の人ができることができないのかもしれない。いいんだか悪いんだかね。

心の葛藤はある。今自分が頑張っているっていう感じがしないから。会社でも、今はわたしが指示を出したりはしない。細かいところは分からないし。ある意味寂しい気持ちはある。

最近思うのは潮時かなあってこと。しがみつかない。その一方では寂しい気持ちもある。**潮時を見極めるってむずかしい**。まわりがどう思っているのかも気になるし、それは表に出さないけど。しがみつかないことって大事なのかなと思うけど、ある意味、あきらめも入る。

社長としての引き際について、最近ずっと考えてきました。やはり、**世代交代も含め、引き際は大事です**。

社長というポジションに対して、今は未練はありません。何年か前に、会社の経営権をナンバー2だった奥山に譲ってからも、気持ちの中では「社長は俺だ！」って思って、陰で会社を支えてきたつもりでした。

自分なりに、どこかで踏ん切りをつけなきゃ、という思いを持って、会社を立て直す努力をしてきました。

どのみち、遅いか早いかの問題だけ。経営者としての区切りってやっぱり大事です。一生懸命やってきた人の中には、引き際を間違えて醜態をさらしたり、同族同士で社長の座を争って失脚する人もいるわけです。

この前、テレビで自分と同い年の糸井重里さんがこんな話をしていました。

「いかに次の世代にバトンを渡していくか、自分がいなくなっても会社がうまく回っていくようにどのようにしていけばいいのか、今一番頭を悩ませています」

まさに同感です。

わたしの場合、**次にバトンを渡す相手が決まってるから幸せです**。自分の描いた引き際の絵は、自分勝手かもしれないけれど、最高の絵面だと思っています。

やっぱりね、社長としての引き際を考えたとき、力って大事なんです。ある意味、重石みたいなね。その**重石を人からどけられてはダメで、自分から退くっていう形にしないと**。失脚とか、ドロドロした感じはよくないです。

今、人生の終活がブームになっていますが、**社長もきちんと終活して引退すべき。やはり「終わりよければ全て良し」という状態に少しでももっていくこと。**

会社経営は、すべて良しってことがなかなかないものですが、自分が経営に全くタッチしなくても、きちんと会社が回っていき、さらに上向きになるような体制づくりはしたいもの。

そこまで考えてようやく、引退後の自分の人生の青写真が描けると思っています。正直、この先、自分が思うような展開になるかどうかは分かりません。でも、会社のため、社員のため、家族のため、そして自分のために、たった一度きりの人生を悔いなく、色濃く、力強くやり抜いた、自分の生き様は間違っていなかった……。

不思議と今は、感謝の気持ちしかありません。**天にものぼるような幸せと、この世の終わりのようなどん底の両面を味わってみると、有難くはないけれど、それはそれで自分にしか歩めなかった人生の道だったた**んでしょうね。

実際に落ちてみて、自分の本性や強みが分かって、意外に自分はイケてるんじゃないかって自画自賛できた。

それらを含めて、**感謝、感謝。**今はこの言葉しかわたしの心には浮かんできません。

カンザンの独り言

**大きな失敗や挫折を経て、いろんなしがらみや執着から解放された今が一番幸せなんだね**

人生哲学

## 3

# 引退後の夢は、ズバリ人助け 世の中のためになる人間になろう

リタイア後の人生の目標や夢はもちろんあります。前にも触れたように、**何か人の役に立つようなことをしたい**なと思っています。あんまり風呂敷広げすぎて、あれもやりたい、これもやりたいと欲張っても実現しないので、できることからはじめようと思っています。

まずNPOは立ち上げるつもりです。NPOは非営利なので、全部手弁当でできる人に、一緒に手伝ってもらおうと思っています。

ボランティア先の東南アジアへ行く時の交通費は自腹で。メシとか宿泊ぐらいは出せるようにしたいとは思っているけれど。

今は、いろんな団体がボランティアで寄付を集めているけれど、本当にこの寄付金は有効に使われたの？　っていうところを、ちゃんと見えるようにしたシステムを考えようと思っています。

寄付してくれた人たちも現地に行ってもらって活動できることができればいいね。

もう一つ、**しゃべることも大好きだから、講演活動もやっていけたらいいね**。ボランティアも講演も自分が元気な時しかできないし、社長を辞めて何もしなけりゃ、ボケちゃう一方だから。

不思議と今は、いろんなアイデアが浮かんできています。すべて実現できるかどうかはわからないけれど、今後は「**世のため、人のため。誰かの夢を叶えるお手伝い**」ということをテーマにやっていけたら、と思っています。

**カンザンの独り言**

**リタイア後の人生も、具体的に！**

**世の中に役に立つ自分で有り続けたい**

# 終章

## 「親父の背中―激しい後悔と、深い感謝の狭間で」

長男だったわたしの親父は、５人兄弟の一番下の弟がまだ３歳のとき、自分の父親（わたしの祖父）を亡くしました。

わたしの祖母はまだ38歳でした。親父は４人の弟たちを養うために必死で働きました。わずかばかりの小作の土地に米や野菜を作って、一番下の弟をなんとか大学まで行かせた苦労人です。

わたしがまだ中学生の頃、東京オリンピックの前年の昭和38年。親父は勤めていた土木会社の工事現場でモーターが破裂して右足を負傷。その事故が原因で身体障害者になってしまいました。

その当時のことを思い出すと、わたしの頭に蘇るのは、親父が入院している病院までお見舞いにいったときに食べた、バナナやフルーツの缶詰が美味しかったこと。これまで一度しか食べたことのなかったフルーツを食べられて、不謹慎だけれど、親父の入院が少しだけ嬉しかったのを覚えています。

親父はわたしと4歳上の兄を呼び、二人の目を真剣に見つめてこう言いました。

「父ちゃんはもう、よその会社では働けない。でも、どぶ掃除ならできる。これからは土建屋をやるよ。一生懸命頑張るから、二人とも父ちゃんを手伝ってな」。

あのときのことは、50年経った今でも、わたしの心から離れることはありません。

わたしの兄は中学1年生のとき、洗面器に大量の吐血をしたことがありました。そのときは、もうこのまま死んでしまう、と思いました。病名は、心臓弁膜症。半年以上入院して、中学校も1年間、休学しました。

その後、高校生だった兄は、親父の仕事を手伝い、二人でどぶ掃除や、雑用、建物の基礎工事をして、わたしを大学まで行かせてくれました。兄は親父の手伝いであまり学校には行けないまま高校を卒業しました。親父と一緒にわたしたち家族のために必死で働いてくれた兄貴には、今でも頭が上がりません。

高校へ進学するとき、こんなことがありました。わたしは友人がたくさんいる公立の高校へ進学するつもりでしたが、親父は、

「お前は、日大の土木科へ進学しなさい。だから日大の付属高校へ行かなければ学費は出さない」

と、いつになく強く言われ、反対はしたものの親父の決意は固く、根負けする形で私立の高校へ進みました。

不本意な気持ちで高校生活を過ごしたため、理数系の勉強はほとんどしませんでした。心の中では、やはり親父に反発していたのです。

結局、日大の土木科には進まず、1年浪人して私立の文科系の大学に入学しました。

2歳上の姉は、高卒で就職しましたが、初任給でわたしにレコードを買ってくれたことがあります。昔も今も、ずっとわたしのことを励まして気にかけてくれています。

兄は、一緒に働いたアルバイト代に自分の何ヶ月か分の給料を足して、わたしに車を買ってくれました。

家族はみんな、やさしかった。お金はあまりなかったけど、うちの家族はいつも温かかっ

たのです。

思えば兄は、心臓にバクダンを抱えていたこともあり、高校はほとんど通学しませんでした。親父の会社を必死で助けている兄に対して、自分だけノホホンと大学生活を謳歌しているように思えて、それがずっと嫌でした。

兄には本当に申し訳ない気持ちでいっぱいです。その頃から、

「大学を卒業したら、親父と兄と一緒に仕事をしよう」

と思い、あんなに嫌っていた土木の仕事に就く決心をしたのです。


大学卒業後の2年間は、朝は7時に出社、7時半には現場へ行き、夕方の4時まで現場で仕事。そのあと、18時から22時までは土木の専門学校に通っていました。日曜・祭日も専門学校で測量の実習があり、けっこうハードな日々でした。

働き出して3年後に目にした帳簿には、当時、年間売上4000万円に対して、農協での借金が7000万円ありました。

わたしは焦りました。高利の借入をなんとかしようとM銀行に借り換えをお願いし、利息の支払いを半分くらいまで圧縮しました。

親父は借金も財産のうちだと、あまり気にしていませんでした。わたしは会社を何とかしなければと、必死の思いでした。

当時、親父は仕事の受注に関して、

「あの家にはお世話になっているから」

「あそこの幼稚園はいつも仕事を発注してくれるから」

「ご近所さんは、ありがたいな」

と言いながら、儲けのない見積もりで受注してしまっていました。親父の言うことは確かにそうなのだけれど、結果的には自分の会社が苦しい状況になってしまう。

周囲の人たちも、親父の性分をよく知っていたので、

「この金額で受注して、本当に大丈夫か？」

と、心配してくれていました。

そんな親父の性分は嫌いではなかったけれど、商売上は困ったものでした。

当時、公共工事はすべて談合で落札業者を決めていました。けれども、親父は何より争

いが嫌いな人でした。

市からの土木の指名工事も指名業者が名乗りをあげない工事ばかり受注していました。逆にわたしは、談合が花盛りの時代に積極的に駆け引きをし、ライバル社を出し抜いていきました。ほとんど勝って自分で采配していたので、業界の中でも地位がどんどん上がっていきました。

親父は争うのが嫌いだったから、当時は、

「ダメな親父だなぁ」

などと怒ったこともありました。

わたしが仕事を取れるように進めていると、横から親父が「いいよ、いいよ。お前がやれよ」と他社に譲ってしまうから、話がまとまらないことも多かった。ついわたしも「人が何日も苦労したのに」と、あきれて怒ったこともあったけれど、親父も別に悪い事をしてたわけじゃない。だから今思い出すと、親父は親父でいい人生だったんだな、と思います。

親父は営業センス、経営センスはありませんでしたが、河川工事で親父より優れた技術者は、川崎の地にはいなかったと断言できます。

昭和48年、台風で多摩川の狛江にある堤防が決壊し、家が何軒も流される大災害がありました。

ダム下の登戸も危なかったのですが、親父は作業隊長として、川の流れが直接あたるところに切った木を鎖に結んで川の流れに投げ込む、いわゆる「木流し工法」を提案し実行しました。

そういう意味では、本当に自慢の親父でした。


仕事をリタイヤしたあとも、孫や親戚の子どもの面倒をきちんとみていました。ある日、ちょっとお金が必要だ、というので、親父にお金を渡したら、自分の兄弟や、孫たちに誕生日プレゼントを渡したり、ケーキを持っていったり、すべて他人のために使っていたのを後から知りました。

だから、うちの娘たちも、

「おじいちゃんは本当にいいおじいちゃんだ」

と。親父の兄弟やおふくろの兄弟も、

「お兄さん（わたしの親父）は素晴らしい」

と、口を揃えて言っていました。

自分のことは後回しにして、そういうことが出来る人だった。そんな親父の性分を理解していたおふくろも、これはこれで素晴らしい良い夫婦だな、と思います。

当時、冬場になると福島とか秋田から、土工さんたちがいつも20人くらい出稼ぎに来ていました。

お袋は、まかないのおばさんと二人で、朝5時ぐらいから起きて、うちの宿舎に寝泊まりしている土工さんたちのために食事の用意をしていました。

わたしも食事の買い出しをお袋に連れて行かれて、荷物持ちをやらされました。毎日毎日、お昼は弁当を作って、夜はまかないを作っていたので、家の家事や子どもたちの世話も含め、お袋も大変だったと思います。それでもお袋は喜んでやっていました。

あるとき、買出しの帰り道に、道端にいた占いのおじさんがお袋を見て、手招きをして

いるから話を聞いてみたらしい。すると、その占い師は、

「あんたには良い息子がいるよ。今は大変かもしれないけれど、絶対、幸せになれるから」

と、言われたらしい。お袋は家に戻ってから、占い師に言われたことを話しながら、

「孝行息子ってお前の事かねぇ」

と嬉しそうに言うから、

「そうだよ、俺のことだよ」

と、わたしは少し得意げになって答えていました。

だから家族は本当に仲が良かった。お袋も親父も小学校しか出てないから学は無かったかもしれないけど、人として素晴らしい。

だから親父やお袋に叱られたことはあるけれど、殴られたこともないし、親から嫌な思いをさせられた記憶が、まったくない。


ここまで書いて、ひとつ思い出しました。親父は4人兄弟の一番下の妹だけに、お腹を押すとフイーンと鳴く藁人形を、どこで買ってくるのか知らないけれど、3ヶ月に一回くらい買ってきていました。3ヶ月くらいでボロボロになるから、そのタイミングで必ずお

土産に買って来てたんだろうけれど。

でも、なぜか親父は妹にしか買ってこない。兄貴とかわたしとか、姉ちゃんには買ってこないのです。妹は自分よりも三つも下だったし、親父にとっては一番可愛かったのかもしれないね。

だからといって、兄弟で妹をいじめたことは一回もない。一番下にだけお土産を買ってきても、他の兄弟は何も文句は言わないし、当たり前だと思っていました。

家庭は貧乏していたけど、やっぱり親父とお袋が良かったんでしょうね。ある意味、わたしなんか全然、敵わないところがいっぱいあります。


もちろん、世界で一番好きな人、そして一番尊敬している人は、わたしの奥さんの洋子さんです。料理が天下一上手で、毎日、愛妻弁当を作ってくれる。

これまで色々心配と迷惑をかけてしまいました。心から感謝を伝えたいです。

二人の娘たちには、つらい時期、支えてもらいました。あなたたちにとって、良い父親とは言えないかもしれないけれど、孫たちの成長をこれからも見守っていくよ。

この本ですべてのことを書き切れたかは、わからない。でも、最後まで諦めなければ、どんな奈落の底でも、必ず復活できることだけは断言できます。

正直、この7年間は長かった。もちろん、借金をすべて返した訳ではありません。でも、今は嵐をくぐり抜けた安堵感に包まれています。

そしてこの本を最後まで読んでくださった方々と共に、明るい未来を目指していければそれに勝る幸せはありません。

## おわりに　遠い灯りを追いかけて

どん底のとき、末娘と共に流した涙。ぽんと力が湧いてきた。

２００７年、奈落の底まで落ちていった。

どうしようもない状況に置かれたとき、自分とは、どういう人間かが心底わかりました。ぎりぎりの環境がわたしの本性をむき出しにしました。

この苦しい体験で、失ったものと同じくらい、大事なものを得ました。

人のやさしさ、あったかさ、冷徹さ、弱さ、狡さ、いろいろなものがみえました。

倒産の危機に至ったとき、わたしを苦しみから解放してくれたのは何だったのか⁉

今まで、不正なことと不実なことをしてこなかった。そのことがわたしを救ってくれました。

全ての責任は自分にあるということ。人任せの人生を送ってはいけないこと。失敗しても、後悔する人生を送ってはいけないこと。自分にウソをつかない生き方で、豊かな人生を送れること。どうしようもないことはどうしようもできないこと。現実を受け入れる勇気。そして、一生懸命は美しいこと。

たくさんの事を学びました。神様はあきらめる者は決して救ってくれない。

自分は絶対幸せになるんだ、という強い思いが今のわたしを幸せにしてくれている。

わたしが奈落に落ちたとき、家族も一緒に道づれにしてしまいました。心労で女房が癌を患ったのはわたしの責任です。辛かった。

そんな女房に言われ続けてきたのは、「今までせきやまの家を買ってくれたお客様に絶対迷惑をかけてはいけないよ。取引業者さんに迷惑をかけてはいけないよ。社員に迷惑をかけてはいけないよ。だから会社を倒産させては絶対いけないんだよ。おとうさんは楽になろうなんて思っちゃダメだよ」。女房はわたしの最高の理解者です。

会社では奥山武志が支えてくれたおかげで、今のわたしがある。わたしは最後の最後に、素晴らしい部下に恵まれました。わたしにはツキがあります。諦めない気持ちと、感謝の気持ちがツキを呼んだのだと思います。

「家を売れ」。十万円の給料だって差し押さえてきます。破産だってすぐ申し立てます。サービサーは軒並み裁判をかけてきます。恐喝まがいの電話もかけてきます。サービサー法には情が入る余地がありません。人を追い込んで殺そうが関係ない。最後の一円までしぼり取るのが良いサービサーです。サービサー法は天下の悪法。一昔前の高利貸しと何ら変わりません。

銀行だって人の弱みに付け込んで平気で約束を破ります。天下のＭＨ銀行のことだけどね。

でも家は守られているし、破産もしていない。心が折れずに、きっちり勉強して対処しさえすれば何とかなります。守るべきものは守れたと思っています。

ただ、30億円という負債を残してしまったという事実は消すことができません。一生をかけてボランティアを行うことで心の負債を減らしたいと思っています。

今まさに苦しんでいる中小企業の経営者や生きることに自信をなくした人へ、わたしの経験が参考になり、勇気をもって前向きに進んで行く活力になればいいなと思っています。

自分大好き、いかれかっこよく生きようとしているカンザンに、乾杯！

平成27年11月　吉日

カンザン

カバー・本文デザイン／吉田恵子
編集協力／やすだあんな

**借金160億円！**
**どん底社長が書いた**
# 勇気の出る人生逆転法

2015年12月1日　初版第1刷

著　者　カンザン

発行人　渡部純一

発行所　創幻舎　http://sogensha.ne.jp/
〒100-0005　東京都千代田区丸の内1-8-3
丸の内トラストタワー本館20階
電話 03-6269-3053　FAX 03-6269-3054

発売元　コスモの本
〒167-0053　東京都杉並区西荻南3-17-16
電話 03-5336-9668　FAX 03-5336-9670

印刷・製本　株式会社シナノパブリッシングプレス

　Printed in Japan　ISBN978-4-86485-022-3　C0034